"护好大水，喝好小水"视听读系列丛书

黄河保护法及相关知识52问

左其亭　李贵宝　编

中国水利水电出版社
www.waterpub.com.cn

·北京·

图书在版编目（CIP）数据

黄河保护法及相关知识52问 / 左其亭，李贵宝编. -- 北京：中国水利水电出版社，2023.5
（"护好大水，喝好小水"视听读系列丛书）
ISBN 978-7-5226-1301-7

Ⅰ. ①黄… Ⅱ. ①左… ②李… Ⅲ. ①黄河－环境保护法－中国－问题解答 Ⅳ. ①D922.683-44

中国国家版本馆CIP数据核字(2023)第087559号

审图号：GS 京（2023）0604 号

书　　名	"护好大水，喝好小水"视听读系列丛书 **黄河保护法及相关知识52问** HUANG HE BAOHUFA JI XIANGGUAN ZHISHI 52 WEN
作　　者	左其亭　李贵宝　编
出版发行	中国水利水电出版社 （北京市海淀区玉渊潭南路1号D座　100038） 网址：www.waterpub.com.cn E-mail: sales@mwr.gov.cn 电话：（010）68545888（营销中心）
经　　售	北京科水图书销售有限公司 电话：（010）68545874、63202643 全国各地新华书店和相关出版物销售网点
排　　版	中国水利水电出版社微机排版中心
印　　刷	涿州市星河印刷有限公司
规　　格	170mm×240mm　16开本　13.25印张　204千字　6插页
版　　次	2023年5月第1版　2023年5月第1次印刷
定　　价	60.00元

凡购买我社图书，如有缺页、倒页、脱页的，本社营销中心负责调换
版权所有·侵权必究

内 容 提 要

黄河是中华民族的母亲河，保护黄河是事关中华民族伟大复兴的千秋大计。2022年10月30日，第十三届全国人民代表大会常务委员会第三十七次会议通过了《中华人民共和国黄河保护法》（以下简称《黄河保护法》），自2023年4月1日起施行。为了配合《黄河保护法》的贯彻落实和科普教育，编写了该法相关知识问答。按照一年52周，设置52问，内容涉及五部分：第一部分为该法出台的基本情况；第二部分为该法的重点内容；第三部分为该法涉及的主要部门和机构的权限；第四部分为该法涉及的关键词条款；第五部分为该法提到的标准体系和国家鼓励支持开展的重大科学问题。

本书可供涉水行业从事管理、科研、科普教育的工作者和广大公众，以及省、市、县、乡、村五级河湖长了解《黄河保护法》及其相关知识所使用。

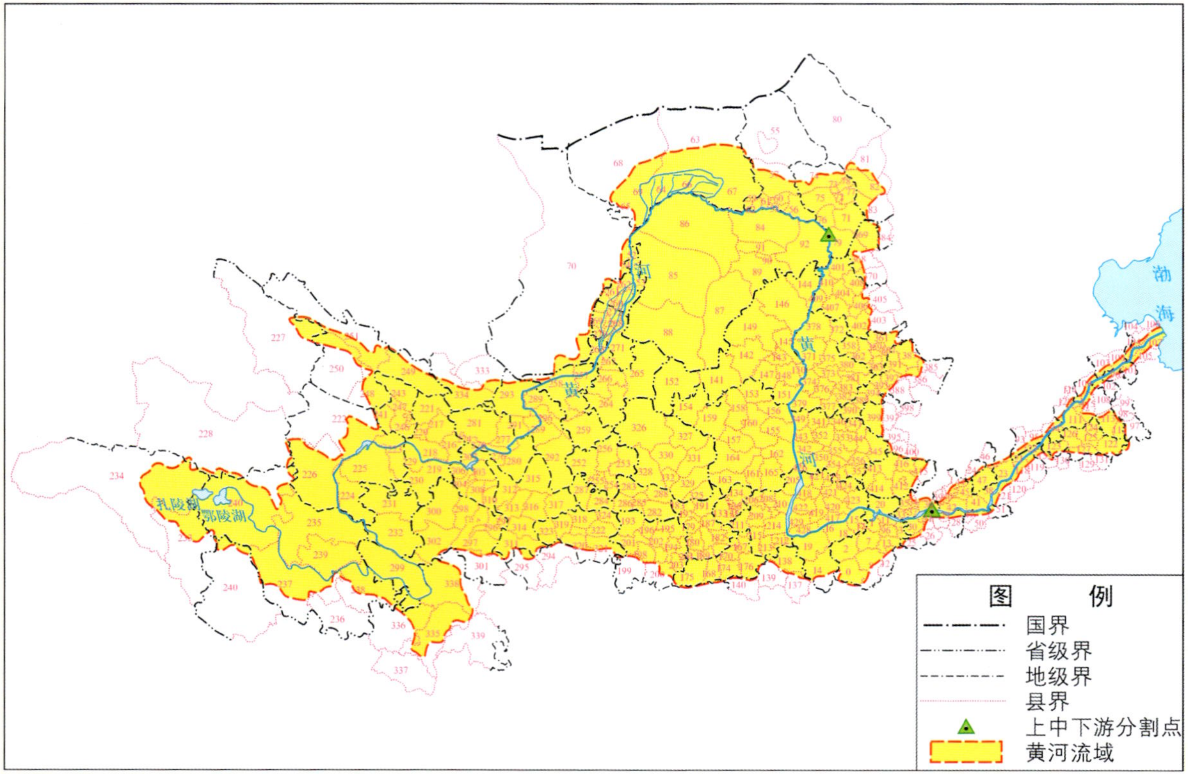

黄河流域涉及县级行政区范围示意图

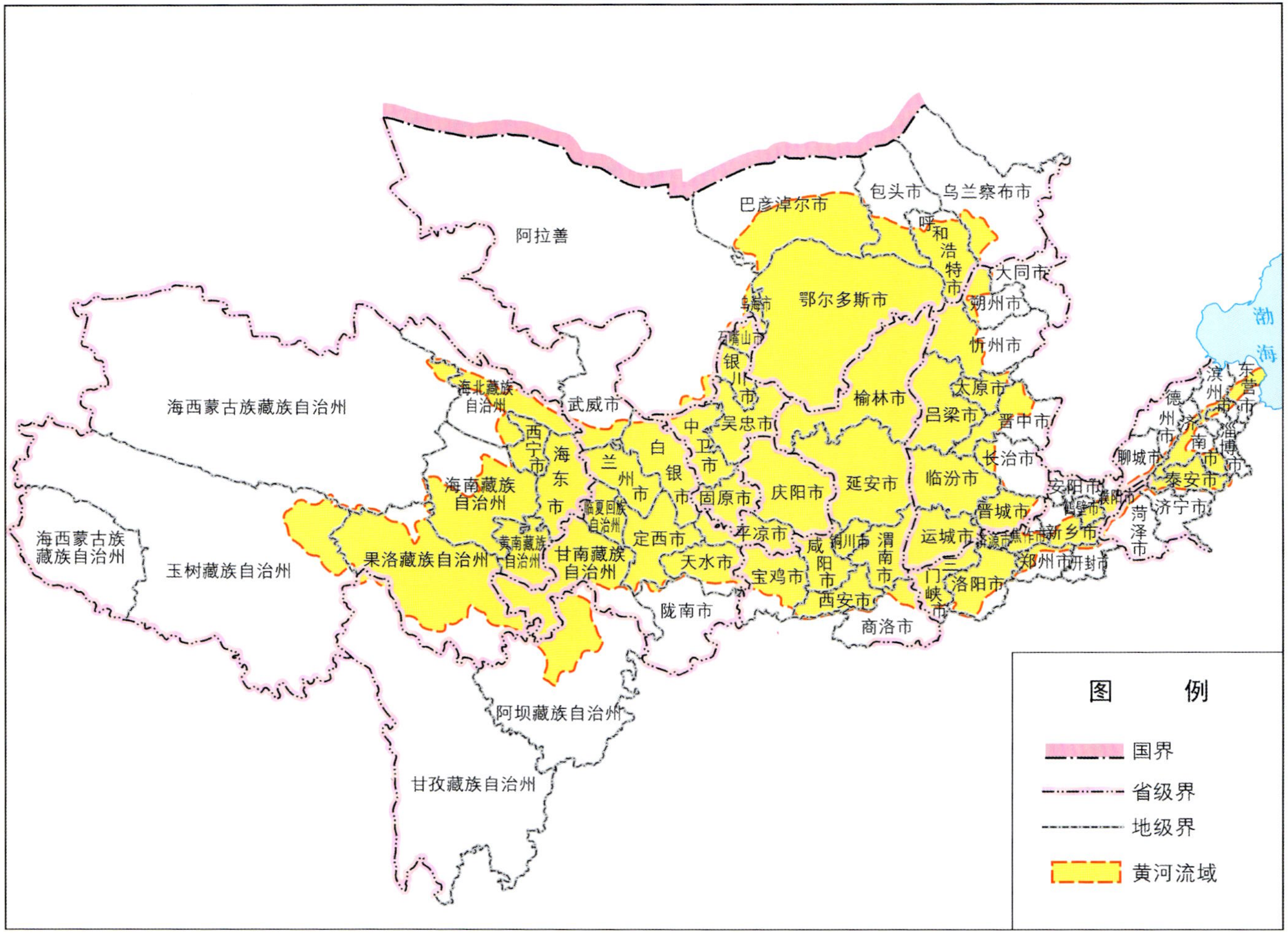

黄河流域涉及地级行政区范围图

黄河流域干流流经范围图

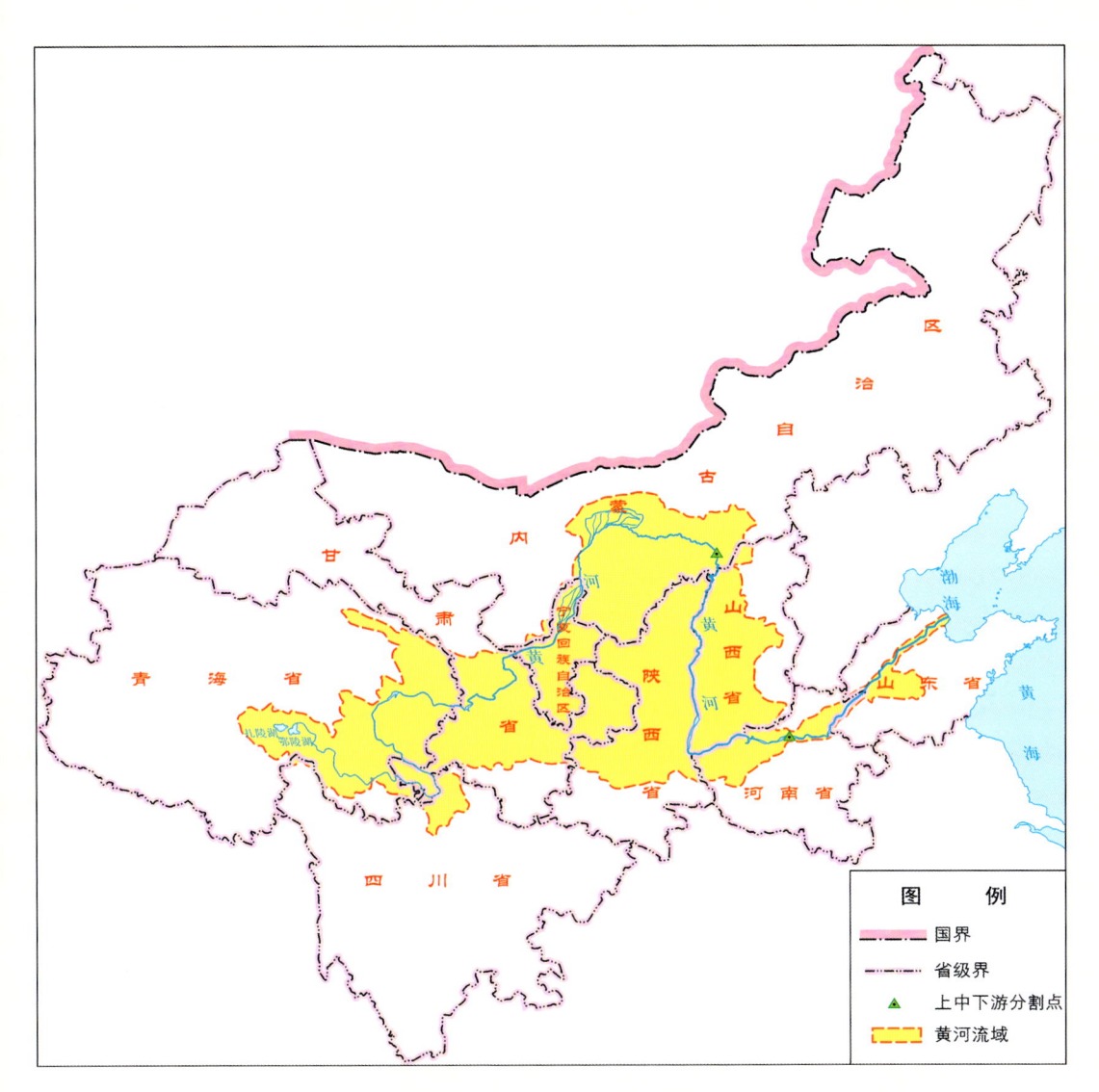

黄河流域全行政区范围图

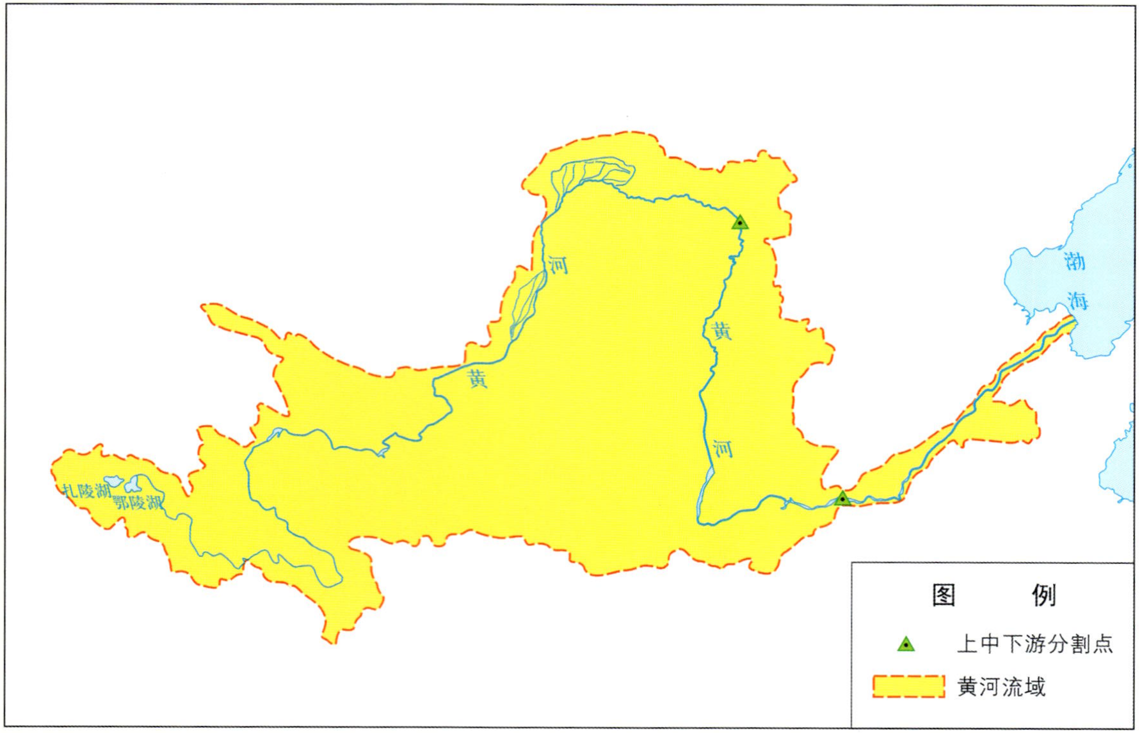

黄河流域范围图

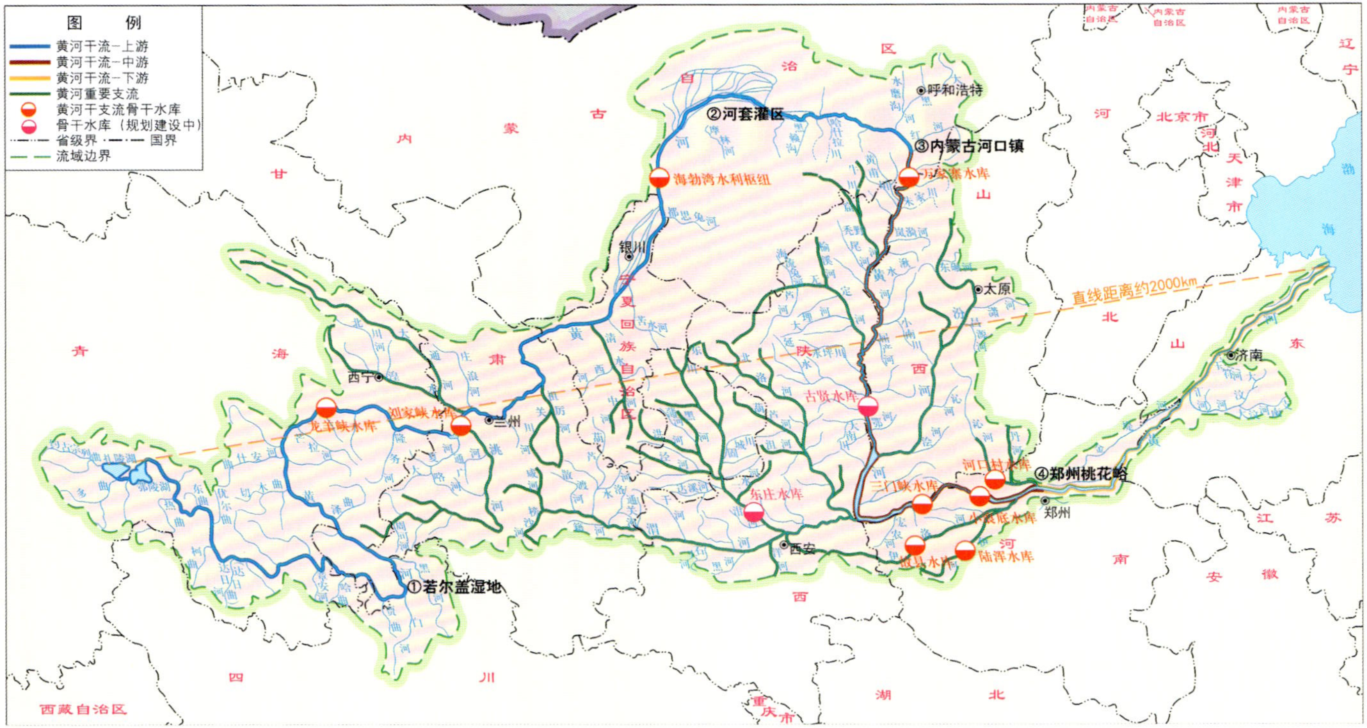

九曲黄河河道平面图

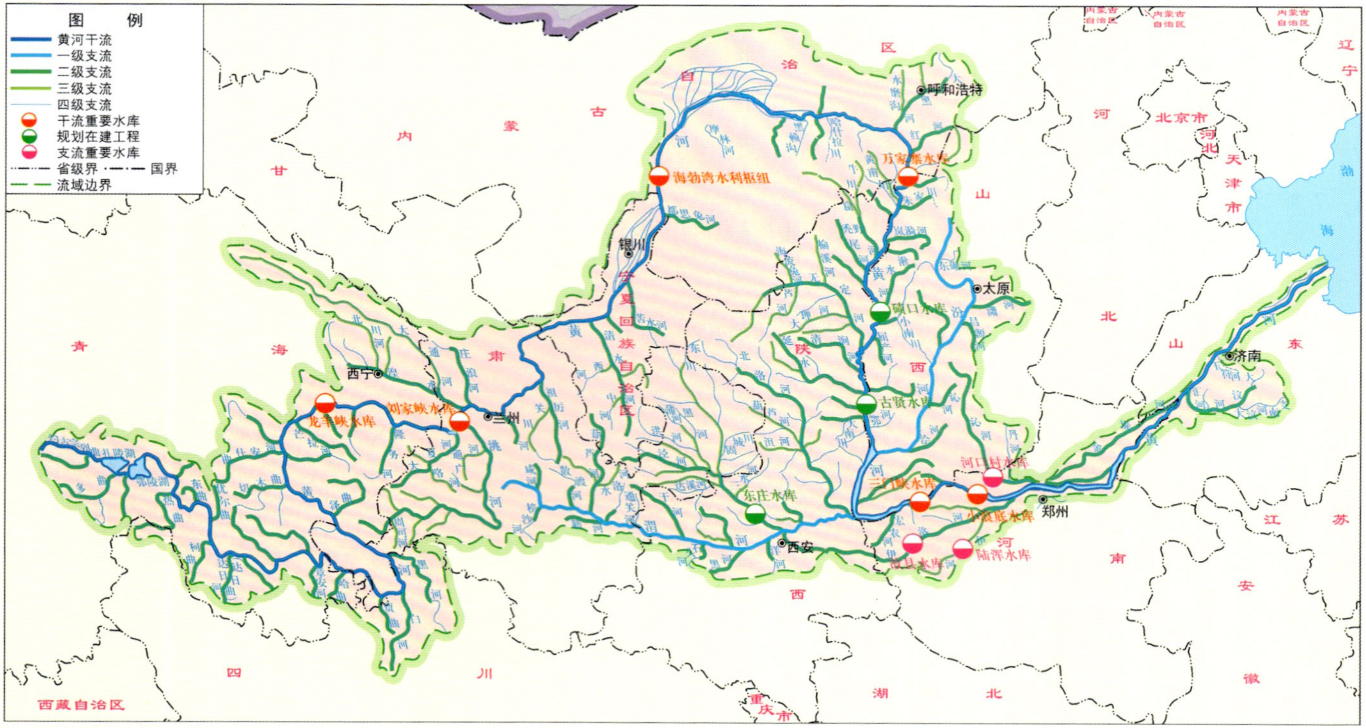

黄河流域水系分布图

全国流域图

黄河流域主要文化遗址分布图

前　言

黄河是中华民族的母亲河、生命河，也是一条桀骜难驯的忧患之河。自古以来，中华民族始终在同黄河水旱灾害作斗争。黄河安澜、海晏河清，是中华民族的千年梦想。新中国成立后，在党中央坚强领导下，国家对治理开发黄河极为重视，开展了大规模的黄河治理保护工作，取得了举世瞩目的成就。2019年9月18日，黄河流域生态保护和高质量发展上升为国家重大战略，包括着力加强生态保护治理、水资源节约集约利用、保障黄河长治久安、促进全流域高质量发展、保护传承弘扬黄河文化，让黄河成为造福人民的幸福河。

为了加强黄河流域生态环境保护，保障黄河安澜，推进水资源节约集约利用，促进高质量发展，保护传承弘扬黄河文化，实现人与自然和谐共生、中华民族永续发展，2022年10月30日，第十三届全国人民代表大会常务委员会第三十七次会议通过了《中华人民共和国黄河保护法》（以下简称《黄河保护法》），自2023年4月1日起施行。

为了配合《黄河保护法》的贯彻落实和科普教育，本书将该法相关知识设计成一个个问答题。按照一年52周，设置52问，内容涉及五部分：第一部分为该法出台的基本情况，包括第1~5问；第二部分为该法的重点内容，包括第6~15问；第三部分为该法涉及的主要部门和机构的权限，包括第16~29问；第四部分为该法涉及的关键词条款，包括第30~50问；第五部分为该法提到的标准体系和国家鼓励支持开展的重大科学问题，包括第51问和第52问。

本书由左其亭、李贵宝撰写，张羽参与部分文字修改和图件绘制工作。感谢部分学者为本书提供的照片，已在文中注明。感谢出版社同仁为本书出版付出的辛勤劳动。若书中存在不妥之处，恳请广大读者海涵并不吝赐教！

作者

2022 年 12 月 30 日

目　　录

前　言
第 1 问　《黄河保护法》于什么时间通过和施行？　1
第 2 问　《黄河保护法》适用范围如何界定？　6
第 3 问　《黄河保护法》针对黄河哪些主要问题？　8
第 4 问　为什么要出台《黄河保护法》？　12
第 5 问　《黄河保护法》包括哪些内容？有哪些亮点？　14
第 6 问　《黄河保护法》第一章重点内容是什么？　18
第 7 问　《黄河保护法》第二章重点内容是什么？　20
第 8 问　《黄河保护法》第三章重点内容是什么？　24
第 9 问　《黄河保护法》第四章重点内容是什么？　28
第 10 问　《黄河保护法》第五章重点内容是什么？　30
第 11 问　《黄河保护法》第六章重点内容是什么？　34
第 12 问　《黄河保护法》第七章重点内容是什么？　38
第 13 问　《黄河保护法》第八章重点内容是什么？　42
第 14 问　《黄河保护法》第九章重点内容是什么？　46
第 15 问　《黄河保护法》第十章重点内容是什么？　50
第 16 问　《黄河保护法》规定黄河流域统筹协调机制的职责有哪些？　54
第 17 问　《黄河保护法》涉及国务院哪些主管部门和机构？　58
第 18 问　《黄河保护法》涉及国务院水行政主管部门权限的条款有哪些？　60
第 19 问　《黄河保护法》涉及国务院自然资源主管部门权限的条款有哪些？　64
第 20 问　《黄河保护法》涉及国务院生态环境主管部门权限的条款有哪些？　68
第 21 问　《黄河保护法》涉及国务院农业农村主管部门权限的条款有哪些？　72
第 22 问　《黄河保护法》涉及国务院林业和草原主管部门权限的条款有哪些？　74
第 23 问　《黄河保护法》涉及国务院野生动物保护主管部门权限的条款有哪些？　76
第 24 问　《黄河保护法》涉及国务院文化和旅游主管部门权限的条款有哪些？　78
第 25 问　《黄河保护法》涉及国务院发展改革部门权限的条款有哪些？　80
第 26 问　《黄河保护法》涉及国务院住房和城乡建设、卫生健康、应急管理、工业和信息化、标准化、财政主管部门的权限条款有哪些？　82
第 27 问　《黄河保护法》规定的黄河防汛抗旱指挥机构的职责有哪些？　90
第 28 问　《黄河保护法》规定的黄河流域管理机构的主要职责有哪些？　94

第29问 《黄河保护法》规定的黄河流域生态环境监督管理机构的主要职责有哪些？　98

第30问 《黄河保护法》涉及河湖长制的条款有哪些？　102

第31问 《黄河保护法》涉及"禁止"的条款有哪些？　106

第32问 《黄河保护法》涉及"严格限制"和"严格控制"的条款有哪些？　110

第33问 《黄河保护法》涉及"不得"的条款有哪些？　114

第34问 《黄河保护法》涉及"制度"的条款有哪些？　118

第35问 《黄河保护法》涉及"规划"的条款有哪些？　122

第36问 《黄河保护法》涉及"名录"的条款有哪些？　126

第37问 《黄河保护法》涉及"许可"的条款有哪些？　128

第38问 《黄河保护法》涉及"清单"的条款有哪些？　130

第39问 《黄河保护法》涉及"节水"和"水资源节约集约利用"的条款有哪些？　132

第40问 《黄河保护法》涉及"标准"的条款有哪些？　138

第41问 《黄河保护法》涉及"定额"的条款有哪些？　144

第42问 《黄河保护法》涉及"基金"的条款有哪些？　148

第43问 《黄河保护法》涉及"宣传"的条款有哪些？　150

第44问 《黄河保护法》涉及"科学普及"和"普及"的条款有哪些？　154

第45问 《黄河保护法》涉及"地下水"的条款有哪些？　158

第46问 《黄河保护法》涉及"排污"的条款有哪些？　162

第47问 《黄河保护法》涉及"采砂"的条款有哪些？　166

第48问 《黄河保护法》涉及"农业和农村"的条款有哪些？　168

第49问 《黄河保护法》涉及"黄河文化"的条款主要有哪些？　172

第50问 《黄河保护法》涉及"考核评价"和"法律责任"的条款主要有哪些？　176

第51问 《黄河保护法》提到建立健全黄河流域哪些方面的标准体系？　178

第52问 《黄河保护法》提到国家鼓励支持开展黄河流域哪些方面的重大科技问题研究？　182

附　录

《黄河保护法》涉及的七大水库信息表　186

《黄河保护法》涉及的水源涵养区4个河湖信息表　187

《黄河保护法》涉及的13条一级支流信息表　188

《黄河保护法》涉及的入海流路信息表　190

违反《黄河保护法》相关规定的惩罚及罚款数量汇总表　191

黄河流域地下水超载地区及超载类型　196

相关的资源环境与生态保护法律法规　199

黄河流域涉及省（自治区）、地市、县区一览表　201

黄河流域生态环境司法保护典型案例表　207

第1问 《黄河保护法》于什么时间通过和施行？

2022年10月30日，中华人民共和国主席令第一二三号发布。

《中华人民共和国黄河保护法》已由中华人民共和国第十三届全国人民代表大会常务委员会第三十七次会议于2022年10月30日通过，现予公布，自2023年4月1日起施行。

相关知识

◎ 黄河流域及九省（自治区）范围界定

黄河流域位于东经95°53′~119°05′、北纬32°10′~41°50′之间，其范围是指黄河从源头到入海区间内水系所影响的地理上流域范围的区域（包括内流区），西起巴颜喀拉山，东临渤海，北抵阴山，南达秦岭。黄河流域东西长约1900km，南北宽约1100km，流域面积为79.5万km²。流域地势西高东低，海拔差异明显。从西到东横跨青藏高原、内蒙古高原、黄土高原和黄淮海平原4个地貌单元，以内蒙古河口镇、郑州桃花峪为界，分为上、中、下游3部分，共划分8个二级流域和29个三级流域。

黄河沿线省（自治区）范围，是指黄河干流从源头到入海区间流经的9个省级行政区的范围，自上游到下游分别为青海、四川、甘肃、宁夏、内蒙古、山西、陕西、河南、山东。黄河沿线九省（自治区）总面积为356.86万km²，占全国国土面积的36.9%，2019年底常住总人口为42180万人，占全国人口总数的30%，地区生产总值为247407.66亿元，占全国生产总值的25.1%。黄河流域九省（自治区）是全国重要的粮食和能源基

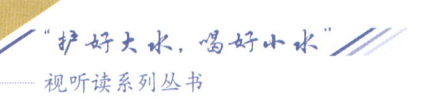

黄河流域示意图

地，粮食产量占全国粮食产量的1/3，已探明的煤炭保有储量占全国总储量的50%，已探明的石油储量为全国石油总储量的40%。

◎ 黄河相关的主要法规、规章及规范性文件

《关于授予黄河水利委员会取水许可管理权限的通知》（水利部水政资〔1994〕197号发布，1994年）

《山东省黄河防汛条例》（山东省人民代表大会常务委员会，2003年）

《水利部关于内蒙古宁夏黄河干流水权转换试点工作的指导意见》（水利部水资源〔2004〕159号发布，2004年）

《黄河河口管理办法》（水利部令第21号，自2005年1月1日起施行）

《黄河水量调度条例》（国务院令第472号，自2006年8月1日起施行）

《黄河水量调度条例实施细则（试行）》（水利部，2007年）

《关于进一步加强黄土高原水土保持淤地坝安全工作的通知》（水利部水规计〔2010〕175号发布，2010年）

《关于明确由黄河水利委员会负责审查并签署水工程建设规划同意书的河流（河段）湖泊名录和范围（试行）的通知》（水利部水规计〔2010〕175号发布，2010年）

《黄河下游河道采砂管理办法（试行）》（黄水政〔2013〕559号，2013年）

《河南省黄河防汛条例》（河南省人民代表大会常务委员会，2016年）

《黄河下游浮桥建设管理办法》（2017年修正）

《山东省黄河河道管理条例》（山东省第十二届人民代表大会常务委员会第三十五次会议修正，2018年修订）

《山东省黄河工程管理办法》（山东省政府令第311号修订，2018年）

《关于进一步加强黄土高原地区淤地坝工程安全运用管理的意见》（水利部，2019年）

《支持引导黄河全流域建立横向生态补偿机制试点实施方案》（财政部等4个部委联合印发，2020年）

《关于印发〈黄河流域水资源节约集约利用实施方案〉的通知》（国家发展改革委等5个部委联合印发，2021年）

《关于印发河湖管理范围内建设项目各流域管理机构审查权限的通知》（水利部，2021年）

《推动黄河流域水土保持高质量发展的指导意见》（水利部，2021年）

《关于实施黄河流域深度节水控水行动的意见》（水利部，2021年）

《自然资源部支持宁夏建设黄河流域生态保护和高质量发展先行区意见》（自然资源部，2021年）

《河南省人民代表大会常务委员会关于促进黄河流域生态保护和高质量发展的决定》（河南省人民代表大会常务委员会，2021年）

《郑州市黄河风景名胜区管理办法》（郑州市人民政府令第243号，2021年）

《黄土高原地区淤地坝工程建设管理办法》（水利部、国家发展改革委，2022年）

《黄土高原地区淤地坝登记和销号管理办法（试行）》（水利部，2022年）

《黄河流域高校节水专项行动方案》（水利部、教育部、国管局，

2022年）

《支持宁夏建设黄河流域生态保护和高质量发展先行区实施方案》（国家发展改革委，2022年）

《黄河流域生态保护和高质量发展科技创新实施方案》（科技部，2022年）

《黄河生态保护治理攻坚战行动方案》（生态环境部等12个部委联合印发，2022年）

《中央财政关于推动黄河流域生态保护和高质量发展的财税支持方案》（财政部，2022年）

《关于深入推进黄河流域工业绿色发展的指导意见》（工业和信息化部等4部委联合印发，2022年）

《宁夏回族自治区建设黄河流域生态保护和高质量发展先行区促进条例》（宁夏回族自治区人民代表大会，2022年）

《山东省黄河生态补水管理办法（试行）》（山东黄河河务局、省水利厅、省生态环境厅、省自然资源厅联合印发，2022年）

《河南省黄河河道管理条例》（河南省第十四届人民代表大会常务委员会第二次会议通过，2023年）

我国法律法规体系及相关支撑

水法律是指由全国人大常委会审议通过的，以国家主席令形式发布的，规定涉水事务的法律规范。

水行政法规是指由国务院常务会议审议通过的，以国务院令形式发布的，规定涉水事务的法律规范。

水利部规章是指由水利部根据法律和国务院的行政法规、决定、命令，在本部门的权限范围内制定的，由部务会议审议通过的，以水利部令形式发布的有关涉水事务的法律规范。

标准是对重复性事物和概念所作的统一规定，它以科学、技术和实践经验的综合成果为基础，经有关部门协商一致，由主管机构批准，以特定形式发布，作为共同遵守的准则和依据。技术标准是标准化的产物，是对技术内容的规范，是技术领域的"技术契约"，是科学活动和实践经验的结晶。

技术标准与部门规章相比，无论在内容、程序、语言上都有明显的区别。技术标准不能违背行政法规，行政法规可以引用技术标准。

《黄河保护法》全文

第2问 《黄河保护法》适用范围如何界定？

《黄河保护法》适用范围是：

黄河流域生态保护和高质量发展各类活动，适用本法；本法未作规定的，适用其他有关法律的规定。

本法所称黄河流域，是指黄河干流、支流和湖泊的集水区域所涉及的青海省、四川省、甘肃省、宁夏回族自治区、内蒙古自治区、山西省、陕西省、河南省、山东省的相关县级行政区域。（《黄河保护法》第一章第二条）

黄河干流，是指黄河源头至黄河河口，流经青海省、四川省、甘肃省、宁夏回族自治区、内蒙古自治区、山西省、陕西省、河南省、山东省的黄河主河段（含入海流路）；

黄河支流，是指直接或者间接流入黄河干流的河流，支流可以分为一级支流、二级支流等；

黄河重要支流，是指湟水、洮河、祖厉河、清水河、大黑河、皇甫川、窟野河、无定河、汾河、渭河、伊洛河、沁河、大汶河等一级支流；

黄河滩区，是指黄河流域河道管理范围内具有行洪、滞洪、沉沙功能，由于历史原因形成的有群众居住、耕种的滩地。（《黄河保护法》第十一章第一百二十一条）

相关知识

◎ 黄河干流、重要支流及干流流经区

黄河干流弯曲多变，全长约5464km，是我国第二长河，世界第六长河。

发源于青海省巴颜喀拉山脉北约古宗列盆地，于山东省垦利县注入渤海。

河源至内蒙古自治区托克托县的河口镇为上游，河道长3471.6km；河口镇至郑州市桃花峪为中游，中游河段长1206.4km；桃花峪至入海口为下游，河道长785.6km。

黄河支流众多，且分布不均。左、右岸支流呈不对称分布，沿程分布疏密不均，大于100km^{2}的一级支流共计220条（其中左岸有96条，右岸124条）；大于1000km^{2}的一级支流共计76条；大于10000km^{2}的一级支流共计11条。中游汇入支流数量明显高于上游、下游，上游面积增长率为每千米111km^2，中游汇入支流众多，面积增长率为每千米285km^2；下游汇入支流极少，面积增长率仅有每千米29km^2。

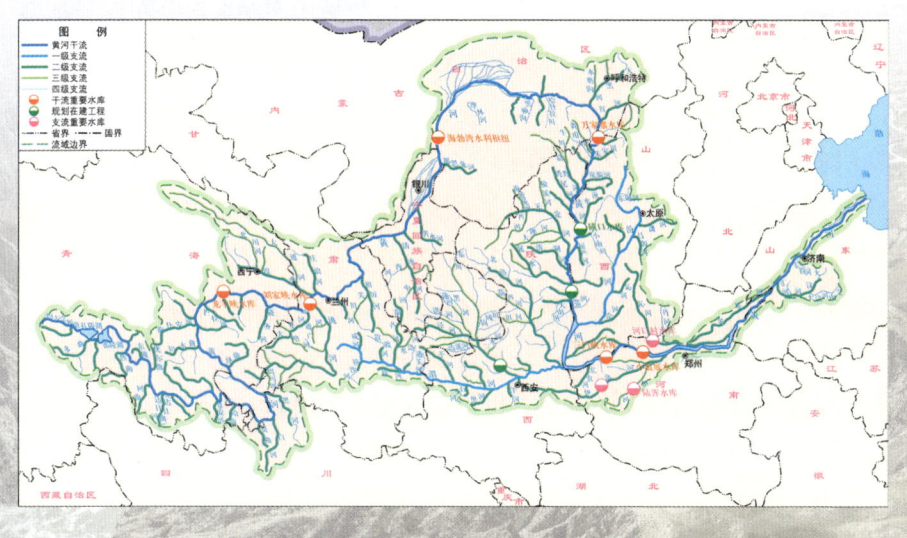

黄河流域水系分布图

第3问 《黄河保护法》针对黄河哪些主要问题？

黄河一直"体弱多病"，生态本底差，水资源十分短缺，水土流失严重，资源环境承载能力弱，沿黄各省（自治区）发展不平衡不充分问题尤为突出。黄河问题综合表现在五个"最"：

黄河流域最大的矛盾是水资源短缺。上中游大部分地区位于400mm等降水量线以西，气候干旱少雨，多年平均降水量446mm，仅为长江流域的40%；按1956—2016年系列成果计算，多年平均水资源总量702.8亿m^3；水资源开发利用率高达80%，远超40%的生态警戒线。

黄河流域最大的问题是生态脆弱。黄河流域生态脆弱区分布广、类型多，上游的高原冰川、草原草甸和三江源、祁连山，中游的黄土高原，下游的黄河三角洲等，都极易发生退化，恢复难度极大且过程缓慢。环境污染积重较深，水质总体差于全国平均水平。

黄河流域最大的威胁是洪水。水沙关系不协调，下游泥沙淤积、河道摆动、"地上悬河"等老问题尚未彻底解决，下游滩区仍有近百万人受洪水威胁，气候变化和极端天气引发超标准洪水的风险依然存在。

黄河流域最大的短板是高质量发展不充分。沿黄各省（自治区）产业倚能倚重、低质低效问题突出，以能源化工、原材料、农牧业等为主导的特征明显，缺乏有较强竞争力的新兴产业集群。支撑高质量发展的人才、资金外流严重，要素资源比较缺乏。

黄河流域最大的弱项是民生发展不足。沿黄各省区公共服务、基础设施等历史欠账较多。医疗卫生设施不足，重要商品和物资储备规模、品种、布局亟须完善，保障市场供应和调控市场价格能力偏弱，城乡居民收入水平低于全国平均水平。

另外，受地理条件等制约，沿黄各省（自治区）经济联系度历来不高，区域分工协作意识不强，高效协同发展机制尚不完善，流域治理体系和治

理能力现代化水平不高，文化遗产系统保护和精神内涵深入挖掘不足。

黄河的主要问题具体表现在以下六方面：

一是防洪防凌形势依然严峻：①下游洪水泥沙威胁依然存在；②下游滩区滞洪沉沙与群众生活生产、经济社会发展矛盾突出，已成为黄河下游治理的瓶颈；③宁蒙河段防凌问题突出；④中游干流河道治理及主要支流防洪工程仍不完善。

二是水资源供需矛盾十分尖锐：①现状供水量已超过了黄河水资源的承载能力；②水资源短缺严重制约着经济社会的持续发展；③生产用水严重挤占河道内生态环境用水，严重威胁河流健康；④用水效率偏低。

三是水土流失防治任务依然艰巨：①仍有约一半的水土流失面积没有治理，且未治理部分水土流失强度大、自然条件更加恶劣，治理难度更大；②开矿、修路等开发建设项目造成的人为水土流失十分突出。

四是水污染形势严峻，水生态系统恶化：①黄河及主要支流受纳的污染物量已超出自身的水环境承载能力；②流域结构性水污染突出，治理水平较低；③流域水功能区监管薄弱；④流域经济社会发展同生态保护的矛盾日渐突出。

五是水沙调控体系不完善：①龙羊峡、刘家峡水库汛期大量蓄水带来

的负面影响难以消除，造成宁蒙河段水沙关系恶化、河道淤积加重、主槽严重淤积萎缩，对中下游水沙关系也造成不利影响；②黄河北干流缺乏控制性骨干工程，小浪底水库调水调沙后续动力不足，不能充分发挥水流的输沙功能，影响水库拦沙库容的使用寿命。

六是流域综合管理相对薄弱：黄河流域管理与区域管理相结合的管理体制及运行机制还不完善，对控制性骨干水利枢纽的管理还不适应全河水沙调控的要求；滩区洪水淹没补偿政策、流域生态补偿政策等缺位；流域管理的执法能力、监督监测能力和科技支撑能力还很薄弱。

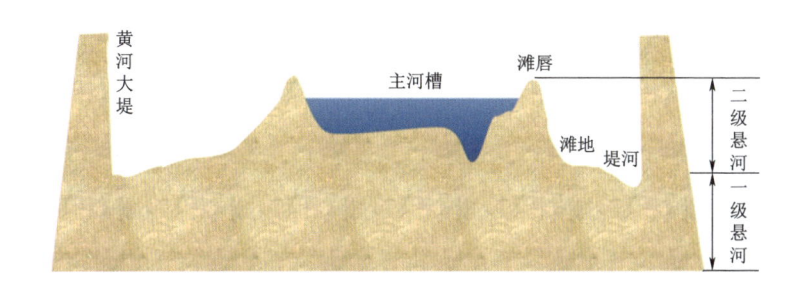

黄河保护法及相关知识 52 问

黄河大堤　主河槽　滩唇　滩地　堤河　二级悬河　一级悬河

第4问 为什么要出台《黄河保护法》?

黄河是中华民族的发源地和摇篮。保护黄河是事关中华民族伟大复兴的千秋大计。党的十八大以来,以习近平同志为核心的党中央把黄河流域生态保护和高质量发展上升为重大国家战略,对推动黄河流域生态保护和高质量发展作出全面部署。

近年来,习近平总书记走遍了黄河上、中、下游九省(自治区),对新形势下解决好黄河流域生态和发展面临的问题进行了深入调研和思考,多次就黄河流域生态保护和高质量发展发表重要讲话、作出重要指示批示。2021年10月8日,中共中央、国务院印发了《黄河流域生态保护和高质量发展规划纲要》(以下简称《纲要》),对黄河流域生态保护和高质量发展作出部署安排。《纲要》明确指出,黄河流域最大的矛盾是水资源短缺、最大的问题是生态脆弱、最大的威胁是洪水、最大的短板是高质量发展不充分、最大的弱项是民生发展不足。这五个"最",严重影响着黄河流域的全面发展。

黄河是全世界泥沙含量最高、治理难度最大的河流之一,具有特殊的

水情河势。黄河流域人均水资源占有量仅为全国平均水平的27%，开发利用率却高达80%，水资源保障形势严峻。黄河水沙关系不协调，洪水风险依然是流域的最大威胁。制定《黄河保护法》，正是根据流域特点着力解决突出问题的迫切所需。

制定《黄河保护法》，是以法律形式全面贯彻落实习近平总书记关于黄河流域生态保护和高质量发展的重要讲话、指示批示精神和党中央决策部署的重要举措，是强化黄河流域生态保护和高质量发展重大国家战略法治保障的迫切需要，是解决黄河流域特殊问题的现实需求，是健全满足黄河流域人民群众日益增长的美好生活需要必备法律制度的具体实践，是完善中国特色社会主义生态环境保护法律体系的客观要求。

为了加强黄河流域生态环境保护，保障黄河安澜，推进水资源节约集约利用，推动高质量发展，保护传承弘扬黄河文化，实现人与自然和谐共生、中华民族永续发展，制定本法。（《黄河保护法》第一章第一条）

第5问 《黄河保护法》包括哪些内容？有哪些亮点？

◎ 《黄河保护法》内容

《黄河保护法》共计11章122条。各章条款数量见下表。

《黄河保护法》各章条数表

章名	内　　容	条数	条数范围
第一章	总则	19	1～19
第二章	规划与管控	9	20～28
第三章	生态保护与修复	16	29～44
第四章	水资源节约集约利用	15	45～59
第五章	水沙调控与防洪安全	12	60～71
第六章	污染防治	10	72～81
第七章	促进高质量发展	9	82～90
第八章	黄河文化保护传承弘扬	9	91～99
第九章	保障与监督	8	100～107
第十章	法律责任	13	108～120
第十一章	附则	2	121～122

该法与《中华人民共和国水法》《中华人民共和国水污染防治法》《中华人民共和国大气污染防治法》（以下简称《大气污染法》）、《中华人

民共和国湿地保护法》《中华人民共和国草原法》《中华人民共和国长江保护法》（以下简称《长江保护法》）等相关资源环境法律比较，其章数和字数最多，条数仅次于《大气污染法》（其条数为 129 条）。

《黄河保护法》是继《长江保护法》后我国第二部流域法律，是在黄河流域生态保护和高质量发展重大国家战略的背景下，制定的具有黄河流域特色、紧抓黄河流域主要矛盾的法律，为黄河流域生态保护与高质量发展提供了制度保障。

◎《黄河保护法》亮点

一是落实重在保护、要在治理的要求。《黄河保护法》第三条明确：黄河流域生态保护和高质量发展要坚持中国共产党的领导，落实重在保护、要在治理的要求，加强污染防治，贯彻生态优先、绿色发展，量水而行、节水为重，因地制宜、分类施策，统筹谋划、协同推进的原则。

二是坚持问题导向，处理好黄河水沙关系，减轻洪水威胁，补全高质量发展不充分的短板。《黄河保护法》第六十二条明确：国家实行黄河流域水沙统一调度制度。黄河流域管理机构应当组织实施黄河干支流水库群统一调度。第六十三条规定：黄河流域管理机构应当会同黄河流域省级人民政府根据批准的黄河防御洪水方案，编制黄河干流和重要支流、重要水工程的洪水调度方案。第八十二条明确：促进黄河流域高质量发展应当坚持新发展理念，加快发展方式绿色转型，以生态保护为前提优化调整区域

"护好大水，喝好小水"
视听读系列丛书

黄河保护法
科普讲座

经济和生产力布局。

《黄河保护法》框架结构

- 总则
- 规划与管控
- 生态保护与修复
- 水资源节约集约利用
- 水沙调控与防洪安全
- 污染防治
- 促进高质量发展
- 黄河文化保护传承弘扬
- 保障与监督
- 法律责任
- 附则

共11章122条

三是强化政府监管责任。《黄河保护法》第一百零三条规定：国家实行黄河流域生态保护和高质量发展责任制和考核评价制度。上级人民政府应当对下级人民政府水资源、水土保持强制性约束控制指标落实情况等生

16

态保护和高质量发展目标完成情况进行考核。第一百零六条规定：国务院有关部门和黄河流域省级人民政府对黄河保护不力、问题突出、群众反映集中的地区，可以约谈该地区县级以上地方人民政府及其有关部门主要负责人，要求其采取措施及时整改。约谈和整改情况应当向社会公布。第一百零七条规定：国务院应当定期向全国人民代表大会常务委员会报告黄河流域生态保护和高质量发展工作情况。黄河流域县级以上地方政府应当定期向本级人民代表大会或者其常务委员会报告本级人民政府黄河流域生态保护和高质量发展工作情况。

　　四是流域治理体制更加完善。 把已开始建立且实施的黄河流域省际河湖长联席会议制度纳入该法，形成了"重大事项国家统筹＋重点事项流域机构统管＋相关事项省际协调合作"的流域治理管理新机制，进一步提升了流域治理管理的系统性、整体性，促进黄河流域实现"龙头龙身龙尾"统筹协调发展。

　　五是保护传承弘扬黄河文化。 专设第八章以法律制度的方式规定了保护、传承、弘扬黄河文化的具体举措。这在相关涉及资源环境的法律中也是首次把文化作为独立的一章，与资源、环境以及经济社会发展统筹起来考虑，有助于增强文化自信，同时推动黄河流域的生态保护、经济发展和社会长治久安。

黄河保护法的特点和亮点

第6问 《黄河保护法》第一章重点内容是什么？

第一章（总则）共计19条，是条数最多的一章，其重点内容包括：制定该法的目的，适用范围，坚持的原则，建立统筹协调机制及该机制的职责，国务院有关部门的职责，黄河流域县级以上地方人民政府的职责，河湖长制，建立健全流域水资源节约集约利用，文化遗产保护等10个方面的标准体系，设立流域生态保护和高质量发展专家咨询委员会，建立健全流域信息共享系统；组织建立智慧黄河信息共享平台，以及实行水资源刚性约束制度，推进节水型社会建设，统筹黄河干支流防洪体系建设，流域自然资源状况的调查、监测、评估、预警与监测网络体系的健全等，自然灾害的预防与应急，流域建设项目、基础设施和相关规划的评估论证等。

此外，内容还包括开展重大科技问题研究与推广先进技术、加强黄河文化保护传承弘扬、宣传教育与舆论监督、鼓励支持参与相关活动和表彰奖励等。

黄河"八七"

分水方案	省（自治区、				
	青海	四川	甘肃	宁夏	内蒙古
分水量/亿 m³	14.10	0.40	30.40	40.00	58.60

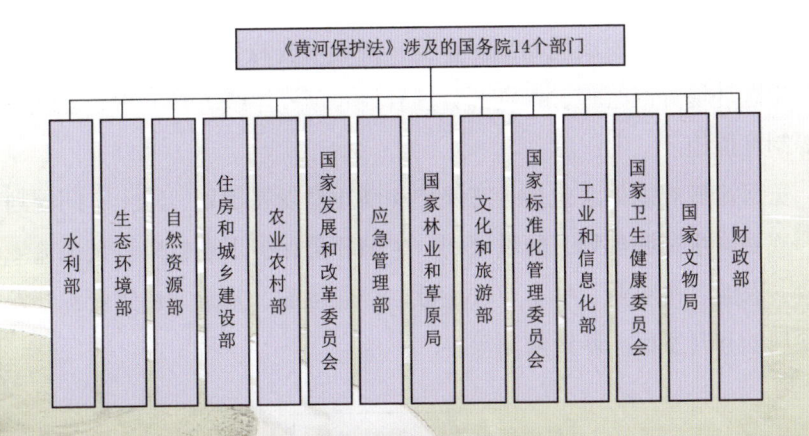

《黄河保护法》涉及的国务院14个部门
- 水利部
- 生态环境部
- 自然资源部
- 住房和城乡建设部
- 农业农村部
- 国家发展和改革委员会
- 应急管理部
- 国家林业和草原局
- 文化和旅游部
- 国家标准化管理委员会
- 工业和信息化部
- 国家卫生健康委员会
- 国家文物局
- 财政部

分水方案

直辖市）

山西	陕西	河南	山东	河北、天津	合计
43.10	38.00	55.40	70.00	20	370

第7问 《黄河保护法》第二章重点内容是什么？

第二章（规划与管控）共计9条，其重点内容是完善规划与管控制度。具体包括：建立流域规划体系，发挥规划的引领、指导和约束作用，流域生态保护和高质量发展规划编制审批，规划水资源论证、国土空间用途管制、生态环境分区管控、水资源分区管控、河湖岸线管控、水工程统一调度等制度措施。

黄河流域规划体系包括生态保护和高质量发展规划、国土空间规划、综合规划、水资源规划、防洪规划、生态环境保护规划，以及黄河流域的工业、农业、畜牧业、林草业、能源、交通运输、旅游、自然资源开发等专项规划和开发区、新区规划等。

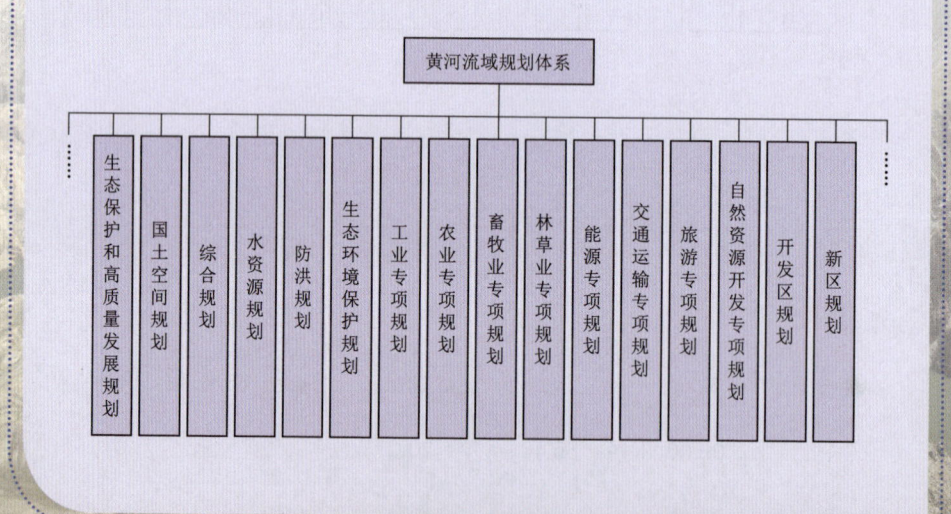

```
黄河流域规划体系
├─ 生态保护和高质量发展规划
├─ 国土空间规划
├─ 综合规划
├─ 水资源规划
├─ 防洪规划
├─ 生态环境保护规划
├─ 工业专项规划
├─ 农业专项规划
├─ 畜牧业专项规划
├─ 林草业专项规划
├─ 能源专项规划
├─ 交通运输专项规划
├─ 旅游专项规划
├─ 自然资源开发专项规划
├─ 开发区规划
└─ 新区规划
```

相关知识

◎ 《黄河流域综合规划（2012—2030）》简介

2013年，国务院批复了该规划，明确了2020年、2030年的治黄任务和目标，提出构建水沙调控、防洪减淤、水资源合理配置与高效利用、水土流失综合防治、水资源与水生态环境保护、流域综合管理体系等"六大体系"。

（1）完善流域水沙调控和防洪减淤措施。加快古贤、东庄水利枢纽前期工作，深入论证黑山峡河段开发方案，构建以干流骨干水利枢纽为主体的水沙调控体系。加强下游干流堤防、河道整治、蓄滞洪区等工程建设，开展下游滩区和河口综合治理。加快上中游干流及支流重点河段防洪工程建设，继续实施病险水库（闸）除险加固、城市防洪工程建设和山洪地质灾害防治。完善水沙监测、洪水预报和水库调度决策支持系统等非工程措施。

（2）合理配置和节约保护水资源。加强水资源配置工程建设，在深入论证的基础上，加快开展南水北调西线等跨流域调水工程前期工作。加快城乡饮水安全工程建设，加强大中型灌区续建配套与节水改造。强化城乡节水，不断提高水资源利用效率和效益。加强饮用水水源地和重要生态区保护，强化入河排污口整治和监督管理，逐步削减地下水超采量。在保护生态环境和移民合法权益的前提下，合理有序开发水能资源。积极发展黄河水运。

（3）加强水土流失综合防治。充分发挥生态系统的自我修复能力，防治结合、保护优先，以黄河中游多沙粗沙区和内

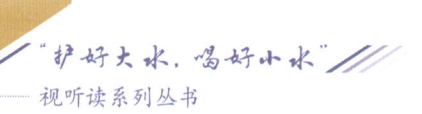

蒙古十大"孔兑"（指10条汇入黄河的山洪沟）为重点，加快淤地坝、梯田、林草工程建设及封禁治理。强化预防监督和执法能力建设，健全覆盖全流域的水土保持监测网络。

（4）强化流域综合管理。加强流域立法研究、涉水事务管理和执法监督。实行最严格水资源管理制度，建立流域用水总量、用水效率和水功能区限制纳污控制指标体系。加强流域水资源统一调度和管理。规范河湖和河道岸线管理。完善水量、水质、水生态环境综合监测系统。

该规划共计 20 章，包括：流域自然概况、经济社会发展对黄河治理开发与保护的要求、治理开发保护与管理现状、总体规划、水沙调控体系规划、防洪规划、泥沙处理和利用规划、水土保持规划、水资源开发利用规划、灌溉规划、水资源和水生态保护规划、干流梯级工程布局和水力发电规划、跨流域调水规划、岸线利用规划和干流航运规划、主要支流规划意见、流域综合管理规划、科技支撑体系规划、环境影响评价、近期实施安排及实施效果、黄河治理开发与保护远景展望。

第8问 《黄河保护法》第三章重点内容是什么？

第三章（生态保护与修复）共计16条，其重点内容是健全生态保护与修复制度。具体包括：

（1）流域生态保护与修复坚持的原则，编制流域国土空间生态修复规划、黄河入海河口整治规划并组织实施；

（2）根据黄河水源涵养区、重要生态功能区域、生态脆弱区域、黄土高原水土流失重点预防区和治理区、河口及三角洲等不同区域生态保护修复要求，规定了对各种生态系统的保护、划定公益林、防护林建设、荒漠化与沙化土地的治理、水土流失防治、生态清洁流域建设、整沟治理、淤地坝建设管理、河口治理、清水沟和刁口河生态补水、"三退"（退塘还河、退耕还湿、退田还滩）的推进、河湖生态流量和生态水位的管控、生态用水调度、地下水超采区划定、农田综合整治、矿山修复与土地复垦等；

（3）统筹流域自然保护地体系建设，建立野生动植物遗传资源基因库，开展流域生物多样性保护管理和流域水生生物完整性评价；重要栖息地的生态保护与修复，实行重点水域禁渔期制度等。

相关知识

◎ 近年来国家发布的有关生态修复的规划和文件

《全国重要生态系统保护和修复重大工程总体规划（2021—2035年）》（国家发展改革委、自然资源部，2020年）

《山水林田湖草生态保护修复工程指南（试行）》（自然资源部办公厅、财政部办公厅、生态环境部办公厅，2020年）

《中华人民共和国长江保护法》（第65号主席令颁布，2020年）

《中华人民共和国湿地保护法》（第102号主席令颁布，2021年）

《中华人民共和国黑土地保护法》（第115号主席令颁布，2022年）

《关于深化生态保护补偿制度改革的意见》（中共中央办公厅、国务院办公厅，2021年）

《关于建立健全生态产品价值实现机制的意见》（中共中央办公厅、国务院办公厅，2021年）

《关于加强草原保护修复的若干意见》（国务院办公厅，2021年）

《关于科学绿化的指导意见》（国务院办公厅，2021年）

《关于进一步加强生物多样性保护的意见》（中共中央办公厅、国务院办公厅，2021年）

《关于鼓励和支持社会资本参与生态保护修复的意见》（国务院办公厅，2021年）

◎ 中国特色的生态修复典型案例（自然资源部发布）

2021年6月，自然资源部发布10个中国特色的生态修复典型案例，分别是：官厅水库流域治理、贺兰山生态保护修复、云南抚仙湖流域治理、内蒙古乌梁素海流域保护修复、钱塘江源头区域保护修复、江西婺源乡村建设、东北黑土地保护性利用、重庆城市更新、广西北海陆海统筹生态修复和深圳湾红树林湿地修复。其中，贺兰山生态保护修复和内蒙古乌梁素海流域保护修复属于黄河流域。

贺兰山生态保护修复典型案例

贺兰山位于宁夏回族自治区西北部，1988年被列为国家级自然保护区，保护区总面积为19.35万 hm^2。由于长期以来的粗放式发展，对保护区内自然资源不断掠夺，造成保护区生境恶化，动植物栖息地遭到严重破坏。2016年7月中央生态环境保护督察组将贺兰山生态环境破坏问题作为宁夏生态环境整治的重点区域。

2017年5月针对贺兰山生态修复工作正式开展，对保护区内生态环境需重点整治的区域进行仔细摸排，确定了169处整治点位，并指定了《贺兰山国家级自然区生态环境综合政治推进工作方案》，共筹措14.01亿元治理专项资金，用于保证贺兰山保护区生态环境治理。

通过实施封堵井口、矿坑回填、边坡修整等治理措施，对治理点违规设施设备清除，与此同时，按照对保护区种树种草，实施生态修复与工程。此外，对保护区外相关的高资源消耗、高污染产业全部组织退出，并利用当地气候条件和土地资源，发展葡萄酒产业，培植农庄经济，并健全监管执法机制，严肃查处破坏生态环境和自然资源的违法犯罪行为。

经过一系列生态修复保护措施，贺兰山退化的生态系统正在逐步恢复，保护区植被覆盖度增加了20%，野生岩羊的数量从2001年的1.6万只增加到2019年的5万只，生态系统固碳能力显著提升，固碳总量从2015年的11.04万t上升到2019年的14.69万t。

黄河保护法及相关知识 52 问

第9问 《黄河保护法》第四章重点内容是什么？

第四章（水资源节约集约利用）共计15条，提出了黄河流域水资源利用的原则，应当坚持节水优先、统筹兼顾、集约使用、精打细算，优先满足城乡居民生活用水，保障基本生态用水，统筹生产用水。

规定国家对黄河水量实行统一配置，明确黄河流域管理机构商黄河流域省级人民政府制定和调整黄河水量分配方案和跨省支流水量分配方案。规定国家对黄河流域水资源实行统一调度。取水总量不得超过本行政区域取水总量控制指标，并应当依法取得取水许可。

规定国家在黄河流域实行水资源差别化管理，实行强制性用水定额管理制度，实行高耗水产业准入负面清单和淘汰类高耗水产业目录制度。严格限制从黄河流域向外流域扩大供水量，严格限制新增引黄灌溉用水量。

规定要求发展高效节水农业，优先使用国家鼓励的节水工艺、技术和装备，推进工业废水和生活污水资源化利用，推广普及节水型器具，开展节水技术改造，提高公众节水意识。

规定国家在黄河流域建立促进节约用水的水价体系。城镇居民生活用水和具备条件的农村居民生活用水实行阶梯水价，高耗水工业和服务业水价实行高额累进加价，非居民用水水价实行超定额累进加价，推进农业水价综合改革。

规定将再生水、雨水、苦咸水、矿井水等非常规水纳入水资源统一配置，提高非常规水利用比例。

规定科学论证、规划和建设跨流域调水和重大水源工程，加快构建国家水网，优化水资源配置，提高水资源承载能力。

相关知识

◎ 黄河流域水资源数量

根据全国第三次水资源调查评价结果，黄河流域平均水资源总量702.8亿 m³，其中地表水资源量583.6亿 m³（占水资源总量的83.0%），降水入渗净补给量即不重复地下水资源量119.2亿 m³（占水资源总量的17.0%）。

黄河流域水资源总量占全国水资源总量的2.6%，在全国七大江河中居第4位。人均水资源量576 m³，约是全国人均水资源量的1/4。

◎ 黄河流域水资源质量

根据《黄河流域和西北诸河水环境质量月报》数据，2021年1月，黄河流域地表水总体水质良好。

（1）监测的216个河流断面中，Ⅰ～Ⅲ类水质断面占76.9%，Ⅳ类占9.3%，Ⅴ类占5.1%，劣Ⅴ类占8.7%。

（2）监测的7个湖库中，水质为优的湖库5个，占71.4%；水质为良好的湖库2个，占28.6%。

黄河流域省界断面总体水质良好，监测的57个断面中，Ⅰ类水质断面占19.3%，Ⅱ类占43.9%，Ⅲ类占24.6%，Ⅴ类占5.2%，劣Ⅴ类占7.0%，未出现Ⅳ类水质断面。Ⅴ类水质断面为湫水河碛口（晋—晋、陕）、三川河三川河两河口桥（晋—晋、陕）、金堤河贾垓桥（张秋）（豫—鲁），主要污染指标为石油类、氨氮、化学需氧量等；劣Ⅴ类水质断面为涑水河张留庄（晋—晋、陕）、州川河（清水河）高楼河村（晋—晋、陕）、屈产河裴沟（晋—晋、陕）、蔚汾河碧村（晋—晋、陕），主要污染指标为氨氮、化学需氧量、总磷等。

第10问 《黄河保护法》第五章重点内容是什么？

　　第五章（水沙调控与防洪安全）共计12条，规定国家依据黄河流域综合规划、防洪规划，在黄河流域组织建设水沙调控和防洪减灾工程体系，完善水沙调控和防洪防凌调度机制，加强水文和气象监测预报预警、水沙观测和河势调查，实施重点水库和河段清淤疏浚、滩区放淤，提高河道行洪输沙能力，塑造河道主槽，维持河势稳定，保障防洪安全。

　　规定国家完善以骨干水库等重大水工程为主的水沙调控体系，采取联合调水调沙、泥沙综合处理利用等措施，提高拦沙输沙能力。

　　规定国家实行黄河流域水沙统一调度制度，国务院水行政主管部门组织编制黄河防御洪水方案，黄河流域管理机构制定年度防凌调度方案，黄河防汛抗旱指挥机构负责指挥黄河流域防汛抗旱工作。

　　规定黄河流域省级人民政府应当有序安排滩区居民迁建，严格控制向滩区迁入常住人口，实施滩区综合提升治理工程，黄河流域城市人民政府应当统筹城市防洪和排涝工作。

　　规定国家加强黄河流域河道、湖泊管理和保护，加强黄河流域河道治理，实行黄河流域河道采砂规划和许可制度，加强对干支流骨干水库库区的管理。

相关知识

◎ 黄河为什么"黄"?

黄河之"黄",主要在于黄河的水沙关系不协调,水少沙多。黄河多年平均年径流量580亿 m^3,不足长江流域的7%,但输沙量却达16亿 t,是长江流域的3倍多,平均含沙量为35kg/m^3。黄河水沙在空间上分布不协调,黄河上游含沙量明显低于中、下游。以河口镇为界,河口镇以上水量占黄河总水量的一半以上,但实际输沙量不足黄河总输沙量的1/10。

黄河中游流经黄土高原,每遇暴雨,都会造成严重水土流失,大量泥沙通过千沟万壑汇入黄河。黄河泥沙来源比较集中,主要来自河口镇至延水关之间两岸的支流;无定河的支流红柳河、芦河、大理河,以及清涧河、延水、北洛河和泾河支流马莲河等河的河源区;渭河上游北岸支流葫芦河中下游和散渡河地区。其输沙模数每年每平方公里均大于10000t。

近年来,随着黄河流域生态环境得到改善,陕西省年均入黄泥沙量从2000年之前的8亿多 t 降至2020年的2.68亿 t。治理黄河流域水沙关系不协调关键在于水土保持,除植树造林外,黄河流域正在建立完整的水沙调控体系,包括拦沙工程、淤地坝和坡改梯建设。小浪底水利枢纽作为处理黄河水沙关系的主要工程,在汛期时,通过天然洪水过程,利用小浪底水库调水调沙,流量调控,将水库和下游河道的泥沙冲刷到海里去,此外,通过冲刷形成一个稳定的中水河槽,降低滩区防洪风险。

◎ 小浪底调水调沙怎么调？

"斗水七沙"的黄河是世界上泥沙含量最多的河流，水少沙多、水沙关系不协调，是其复杂难治的症结所在。2002年7月4—15日，黄河小浪底水库进行了首次调水调沙试验。到2022年已开展了多次调水调沙，取得了显著成效。

通俗地讲，调水调沙就是人工调控黄河干支流水库，下泄大流量的水流，尽可能把泥沙冲刷入海。一是要水库联合调度，二是要细算水账。

汛前，黄河上的万家寨、三门峡、小浪底水库需要腾出库容防汛，

3座水库加大下泄流量，在确保安全的前提下，让奔涌的河水带走库底和河底的泥沙。汛期，当洪水量级不大且泥沙含量不高时，干流的万家寨、三门峡、小浪底和支流的陆浑、故县、河口村，乃至干流上游的龙羊峡、刘家峡等水库，都会加入其中，为冲刷泥沙创造条件。其中，小浪底水库控制了黄河几乎100%的沙和90%的水，2021年秋汛期间，小浪底水库拦截了80.84亿 m^3 的洪水，冲刷了下游河道0.913亿 t 的沙。通过调水调沙，黄河下游河道主河槽降低，过流能力增加，中小洪水漫滩概率降低，社会经济用水保障率明显提高、生态环境得到有效修复和保护。

第 11 问 《黄河保护法》第六章重点内容是什么？

第六章（污染防治）共计 10 条，规定国家加强黄河流域农业面源污染、工业污染、城乡生活污染等的综合治理、系统治理、源头治理，推进重点河湖环境综合整治。

规定国务院生态环境主管部门制定黄河流域水环境质量标准，可以作出更加严格的规定，确定黄河流域各省级行政区域重点水污染物排放总量控制指标。黄河流域省级人民政府可以制定严于黄河流域水环境质量标准的地方水环境质量标准。

规定国务院生态环境主管部门应当在黄河流域定期组织开展大气、水体、土壤、生物中有毒有害化学物质调查监测。

规定黄河流域县级以上地方人民政府应当加强和统筹污水、固体废物收集处理处置等环境基础设施建设，应当对本行政区域河道、湖泊的排污口组织开展排查整治，应当对沿河道、湖泊的地下水重点污染源及周边地下水环境风险隐患组织开展调查评估并采取风险防范和整治措施，应当加强黄河流域土壤生态环境保护，固体废物污染环境防治，应当加强农药、化肥等农业投入品使用总量控制、使用指导和技术服务，加强对农业污染源的监测预警。

相关知识

◎ 有关水的标准（部分）

《海水水质标准》（GB 3097—1997）

《瓶装饮用纯净水》（GB 17323—1998）

《生活饮用水水源水质标准》（CJ 3020—1999）

《地表水环境质量标准》（GB 3838—2002）

《城市供水水质标准》（CJ/T 206—2005）

《食品安全国家标准　包装饮用水》（GB 19298—2014）

《地下水质量标准》（GB/T 14848—2017）

《食品安全国家标准　饮用天然矿泉水》（GB 8537—2018）

《生活饮用水卫生标准》（GB 5749—2022）

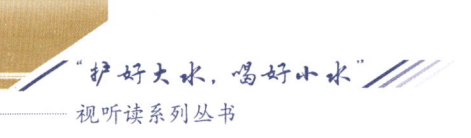

《地表水环境质量标准》的主要内容

《地表水环境质量标准》（GB 3838—2002）的内容包括：范围、引用标准、水域功能和标准分类、标准值、水质评价、水质监测、标准的实施与监督共计7部分。共计有109项水质指标，其中基本项目24项，即水温、pH、DO、COD_{Mn}、COD_{Cr}、BOD_5、氨氮、总磷、总氮、铜、锌、氟化物、硒、砷、汞、镉、铬（六价）、铅、氰化物、挥发酚、石油类、阴离子表面活性剂、硫化物、粪大肠菌群。集中式生活饮用水地表水源地补充项目5项，即硫酸盐、氯化物、硝酸盐、铁、锰。

该标准依据地表水水域环境功能和保护目标，按功能高低，将地表水质量依次划分为5类：

Ⅰ类：主要适用于源头水、国家自然保护区；

Ⅱ类：主要适用于集中式生活饮用水地表水源地一级保护区、珍稀水生生物栖息地、鱼虾类产卵场、仔稚幼鱼的索饵场等；

Ⅲ类：主要适用于集中式生活饮用水地表水源地二级保护区、鱼虾类越冬场、洄游通道、水产养殖区等渔业水域及游泳区；

Ⅳ类：主要适用于一般工业用水区及人体非直接接触的娱乐用水区；

Ⅴ类：主要适用于农业用水区及一般景观要求水域。

2021年黄河流域

水体	断面数/个	比例/%					
			Ⅰ类	Ⅱ类	Ⅲ类	Ⅳ类	Ⅴ类	劣Ⅴ类
流域	265	6.4	51.7	23.8	12.5	1.9	3.8
干流	43	14.0	81.4	4.7	0	0	0
主要支流	222	5.0	45.9	27.5	14.9	2.3	4.5
省界断面	74	8.1	62.2	17.6	8.1	0	4.1

注：资料来源于《中国生态环境状况公报》（2021年）。

◎ 黄河流域有多少个水功能区？

2011年，国务院对《全国重要江河湖泊水功能区划（2011—2030年）》给予批复。2018年国务院机构改革，该项职能由水利部移交到生态环境部管理。

水功能区分为一级区和二级区。一级水功能区包括保护区、保留区、缓冲区和开发利用区。二级水功能区对一级水功能区中的开发利用区进行划分，包括饮用水源区、工业用水区、农业用水区、渔业用水区、景观娱乐用水区、过渡区和排污控制区。

根据《黄河流域综合规划（2012—2030年）》报告，黄河流域176条（个）河湖共划分水功能一级区355个，其中保护区110个、保留区36个、开发利用区160个、缓冲区49个。在开发利用区内划分399个水功能二级区，其中饮用水源区57个、工业用水区55个、农业用水区145个、渔业用水区8个、景观娱乐用水区16个、过渡区53个、排污控制区65个。

水质状况

比2020年变化（百分点）						
Ⅰ类	Ⅱ类	Ⅲ类	Ⅳ类	Ⅴ类	劣Ⅴ类
0.8	−2.0	3.3	0.9	−1.8	−1.1
9.3	−11.6	4.7	−2.3	0	0
−0.8	−0.3	3.1	1.6	−2.1	−1.3
2.8	−3.1	4.3	0.1	−4.0	0.1

第12问 《黄河保护法》第七章重点内容是什么?

第七章(促进高质量发展)共计9条,规定应当坚持新发展理念,加快发展方式绿色转型,以生态保护为前提优化调整区域经济和生产力布局,促进黄河流域高质量发展。

规定协同推进黄河流域生态保护和高质量发展战略与乡村振兴战略、新型城镇化战略和中部崛起、西部大开发等区域协调发展战略的实施。

规定强化生态环境、水资源等约束和城镇开发边界管控,严格控制黄河流域上中游地区新建各类开发区,推进节水型城市、海绵城市建设。

规定科学规划乡村布局,统筹生态保护与乡村发展,加强农村基础设施建设,推进农村产业融合发展。

规定严格限制在黄河流域布局高耗水、高污染或者高耗能项目,煤炭、火电、钢铁、焦化、化工、有色金属等行业应当开展清洁生产,依法实施强制性清洁生产审核。

规定国家鼓励黄河流域开展新型基础设施建设,完善交通运输、水利、能源、防灾减灾等基础设施网络,鼓励、支持黄河流域建设高标准农田、现代畜牧业生产基地以及种质资源和制种基地,发展现代农业服务业。

规定鼓励、支持黄河流域科技创新,引导社会资金参与科技成果开发和推广应用,提高城乡居民对生态环境、资源禀赋的认识,支持、引导居民形成绿色低碳的生活方式。

相关知识

◎ "高质量发展"的提出及内涵

"高质量发展"是一种追求社会和谐稳定、经济增长有序、资源安全供给、生态健康宜居、文化先进引领的高水平发展模式，是以生态保护为基础，实现社会、经济、资源、生态、文化耦合系统的协调性、持续性、绿色性、公平性发展。

"高质量发展"是在 2017 年 10 月中国共产党第十九次全国代表大会上首次提出的，表明中国经济由高速增长阶段转向高质量发展阶段。中国共产党第十九次全国代表大会报告提出的"建立健全绿色低碳循环发展的经济体系"为新时代下高质量发展指明了方向，具体来说，就是不再仅追求经济发展的速度，要促进经济发展的活力、创新力和竞争力，而绿色发展就是追求高质量发展的根基和依托。2019 年 9 月 18 日，习近平总书记提出"黄河流域生态保护和高质量发展"重大国家战略。2022 年召开的中国共产党第二十次全国代表大会把高质量发展作为全面建设社会主义现代化国家的首要任务。

"高质量发展"的内涵主要包括社会、经济、资源、生态、文化五个方面，具体包括五点：

（1）人民物质和精神需求得到极大程度满足，人民幸福满意度不断攀升，社会和谐稳定。

（2）经济发展持续化，区域发展协调化，产业结构合理化，创新驱动常态化。

（3）在满足经济社会合理需求的基础上，以尽可能少的资源消耗获取最大的经济效益、社会效益和生态效益。

（4）加强生态系统修复与治理，保证生态系统良性循环，创建宜居的生活环境。

（5）保护、传承和弘扬优秀传统文化，提升地区软实力。

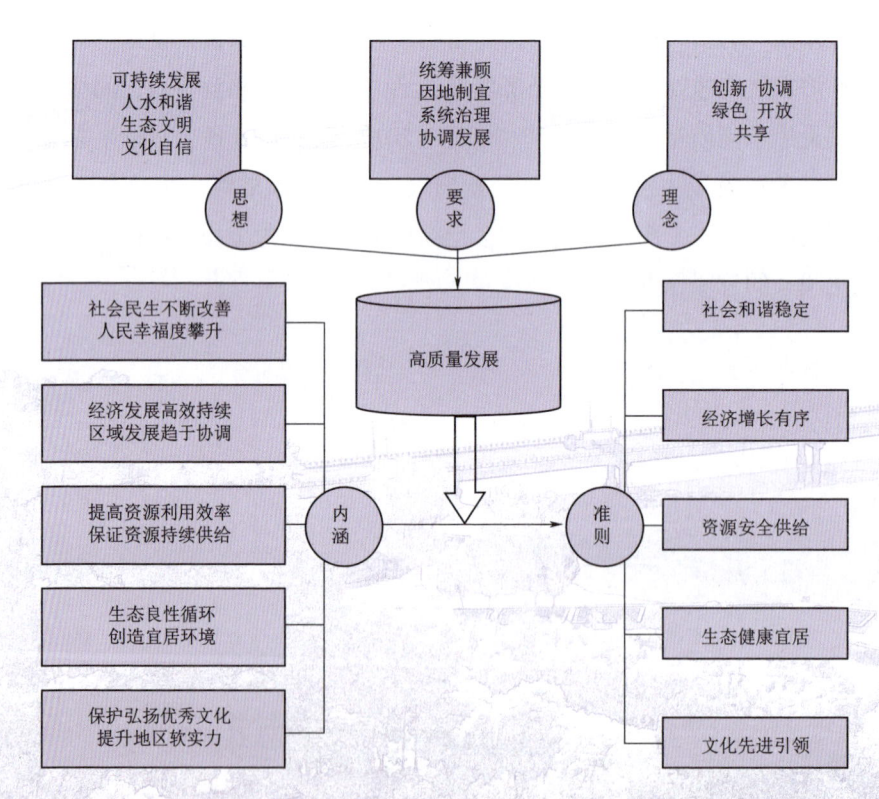

"高质量发展"概念框架图

[国家节水型城市申报与评选管理办法]

◎ 节水型城市发展历程

1996年，建设部印发《节水型城市目标导则》，1998年建设部下发《关于开展创建节水型城市试点工作的通知》，随后于2006年印发《节水型城市申报与考核办法》和《节水型城市考核标准》。截至2021年年底，全国已建成130个国家节水型城市，对全国城市节水工作发挥了示范引领作用。2022年，住房和城乡建设部与国家发展改革委修订印发《关于印发国家节水型城市申报与评选管理办法的通知》，进一步规范国家节水型城市的申报、评选与动态管理程序，优化评选指标体系。

第13问 《黄河保护法》第八章重点内容是什么？

第八章（黄河文化保护传承弘扬）共计9条，规定国务院文化和旅游主管部门应当会同国务院有关部门编制并实施黄河文化保护传承弘扬规划，加强统筹协调，推动黄河文化体系建设。

规定组织开展黄河文化和治河历史研究，组织指导黄河文化资源调查和认定，加强对历史文化名城名镇名村、文物、历史建筑和古河道、古堤防、古灌溉工程等水文化遗产以及农耕文化遗产、地名文化遗产等的保护，建立黄河文化资源基础数据库，推动黄河文化资源整合利用和公共数据开放共享。

规定国家加强黄河流域非物质文化遗产保护，加强黄河流域具有革命纪念意义的文物和遗迹保护，建设黄河国家文化公园。

规定国家支持单位和个人参与提供反映黄河流域特色、体现黄河文化精神、适宜普及推广的公共文化服务。

规定将黄河文化融入城乡建设和水利工程等基础设施建设，促进文化产业与农业、水利、制造业、交通运输业、服务业等深度融合。

规定国家鼓励开展黄河题材文艺作品创作，加强黄河文化宣传，促进黄河文化国际传播，鼓励、支持举办黄河文化交流、合作等活动。

相关知识

◎ 黄河文化——中华民族的根和魂

黄河文化源远流长,从古至今与中华民族血脉相连,是中华民族的根和魂。

先秦时期的仰韶文化是黄河文化最初的萌芽,后经在黄河流域炎帝、黄帝为代表的华夏文明不断发展,形成了黄河文化。

夏商周时期,黄河文化的影响力不断传播,并从此成为中华民族的代表文化。

春秋战国时代,诸子百家的思想也多出自于黄河流域,其中最具有代表性的是以孔子为代表的儒家文化。

秦汉时期,随着封建大一统国家的出现,黄河文化得到更近一步传播。

魏晋南北朝时期,促进了文化之间的交流与融合,更近一步丰富了黄河文化。

隋唐时期,随着汉族政权的重建,黄河文化达到顶峰,使中华文明成为了领先于世界的高度发达的文明。在此时期,多有赞颂黄河宏大磅礴的诗词,唐代诗人李白曾有诗云:"君不见黄河之水天上来,奔流到海不复还";王之涣有诗云""黄河远上白云间,一片孤城万仞山";刘禹锡有诗云:"九曲黄河万里沙,浪淘风簸自天涯"足见黄河在中华民族发展史上的重要地位。

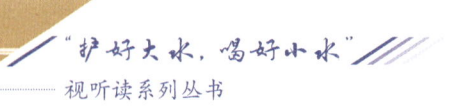

宋元明清时期，随着北方游牧民族文化的对于黄河文化的影响，黄河文化不再作为一种独立的文化出现，而是演变成为了一种更具有包容力的文明，也就是如今的中华文明。

◎ 黄河博物馆

黄河博物馆旧馆位于郑州紫荆山路4号。成立于1955年，隶属水利部黄河水利委员会（以下简称黄委）。作为世界上最早建立的水利行业博物馆，是我国唯一以黄河为主题陈列内容的自然科技类博物馆。

黄河博物馆新馆位于郑州市迎宾路402号，基本陈列以"华夏国脉——黄河巨龙的缩影"为主题，以自然黄河为基础、文化黄河为内涵、人河协调关系为主线，共分为序厅和流域地理、民族摇篮、千秋治河、治河新篇、人水和谐五个展区，全面展示黄河自然史、文明史、历代治河史、新时期

治河新理念和实践等内容。

序厅对博物馆整体展览情况进行大体概括。流域地理展区，通过黄河形成、远古生态、九曲黄河三个单元展示出黄河自然地理地貌、气候、物产。民族摇篮展区，通过逐水而居、文明之光、人文始祖、王朝中心、灿烂文化五个单元展示悠久的黄河文明发展历程及灿烂的黄河文化。千秋治河展区，通过黄河水患、治河春秋、漕运灌溉、河神祭祀四个单元展现中国古代及近代黄河水患灾害、治理方略、治河技术及漕运灌溉的发展演变。治河新篇展区，通过黄河归故、流域规划、防洪防凌、资源利用、水土保持五个单元展现新中国成立以来黄河治理开发的重大举措及取得的重大成就。人水和谐之路展区，通过新问题新挑战、新理念新措施、新号角新征程三个单元展现黄河治理仍存在的新问题、新挑战及新的治河理念和实践。

黄河博物馆已成为弘扬黄河历史文化，传播水利科学知识，宣传人民治黄成就，树立民族自信心和自豪感的重要场所。

第14问 《黄河保护法》第九章重点内容是什么？

第九章（保障与监督）共计8条，规定国务院和黄河流域县级以上地方人民政府应当加大对黄河流域生态保护和高质量发展的财政投入，安排资金用于黄河流域生态保护和高质量发展，支持设立黄河流域生态保护和高质量发展基金。

规定国家实行有利于节水、节能、生态环境保护和资源综合利用的税收政策，鼓励发展绿色信贷、绿色债券、绿色保险等金融产品，建立有利于水、电、气等资源性产品节约集约利用的价格机制，对资源高消耗行业中的限制类项目实行限制性价格政策。

规定国家建立健全黄河流域生态保护补偿制度，加大财政转移支付力度，对黄河流域生态功能重要区域予以补偿，鼓励社会资金设立市场化运作的黄河流域生态保护补偿基金。

规定国家实行黄河流域生态保护和高质量发展责任制和考核评价制度，上级人民政府应当对下级人民政府水资源、水土保持强制性约束控制指标落实情况等生态保护和高质量发展目标完成情况进行考核。

规定有关部门和机构对黄河流域各类生产生活、开发建设等活动进行监督检查，依法查处违法行为。

规定国家加强黄河流域司法保障建设，有关部门和机构应当加强黄河保护监督管理能力建设，提高科技化、信息化水平，建立执法协调机制，依法开展联合执法。

🔗 相关知识

◎ 什么是生态补偿制度？

生态补偿制度是以防止生态环境破坏、增强和促进生态系统良性发展为目的，以从事对生态环境产生或可能产生影响的生产、经营、开发、利用者为对象，以生态环境整治及恢复为主要内容，以经济调节为手段，以法律为保障的新型环境管理制度。

生态补偿的主体主要有国家公权主体和社会组织两类。国家公权主体补偿包括生态功能区保护补偿、生态修复补偿等。社会组织的生态补偿通常是指非盈利性的环境保护组织对于节能环保的企业或环保技术研发的企业或个人提供的节能环保补助。受偿主体包括生态环境建设者、生态功能区内的地方政府和居民、环保技术的研发主体、采用新型环保技术的企业。

具体的补偿方式有货币补偿、实物补偿、治理补偿、政策补偿、项目补偿。

（1）货币补偿是指补偿主体给予受偿主体一定的补偿金、奖励金、补贴等；

（2）实物补偿是指补偿主体给予受偿主体一定的物质产品、土地使用权等；

（3）治理补偿是指补偿主体给予受偿主体一定的生产技术或经验管理的咨询与服务；

（4）政策补偿是指补偿主体给予受偿主体一定的政策优惠；

（5）项目补偿是指补偿主体给予受偿主体工程项目建设权。

生态补偿制度有益于约束生态环境消费，激励生态环境保护行为。

生态补偿机制的重要实践：山东－河南生态补偿协议

山东－河南生态补偿协议是生态补偿机制在黄河流域省际之间施行的重要实践。

2021年4月，山东省与河南省签订《黄河流域（豫鲁段）横向生态保护补偿协议》，成为黄河流域第一份省际横向生态补偿协议。

该协议规定：补偿主体和受偿主体为山东省和河南省，补偿方式为货币补偿，实施期限为2021—2022年，补偿分为水质基本补偿和水质变化补偿两部分，补偿最高资金规模为每年1亿元。

（1）水质基本补偿方面。若刘庄国控断面（河南省与山东省黄河干流跨省界断面）水质全年均值类别达到Ⅲ类标准，山东省、河南省互不补偿；水质年均值在Ⅲ类基础上每改善一个水质类别，山东省给予河南省6000万元补偿资金；水质年均值在Ⅲ类基础上每恶化一个水质类别，河南省给予山东省6000万元补偿资金。

（2）水质变化补偿方面。刘庄国控断面2021年度关键污染物指数与2020年度相比，每下降1个百分点，山东省给予河南省100万元补偿资金；每上升1个百分点，河南省给予山东省100万元补偿。该项补偿最高限额为4000万元。

2022年7月5日，据山东省财政厅在山东省政府新闻发布会上介绍，近两年，黄河入鲁水质始终保持在Ⅱ类水质以上，山东省作为受益方，共兑现河南省生态补偿资金1.26亿元，打开了省际之间共同保护黄河生态的新格局。

◎ 黄河水权转换试点工作

黄河水资源短缺，流域内部分省（自治区）耗水量已达到或超过国务院分配的用水指标。为积极探索利用市场手段优化配置黄河水资源的新途径，解决无余留黄河水量指标的省（自治区）新增引黄用水项目的用水需求，支持地方经济社会的发展。经过认真研究，2003年4月，黄委同意在不增加引黄水量指标的前提下，在内蒙古和宁夏各选择具有一定节水潜力的引黄灌区和具有节水资金来源保障的建设项目开展水权转换试点工作，并对两自治区开展水权转换试点工作和具体试点项目提出了明确要求。

为切实保障黄河水权转换工作的科学化和规范化，积极稳妥地开展黄河水权转换工作，2004年6月，黄委制定并颁布实施了《黄河水权转换管理实施办法（试行）》，对黄河水权转换的原则、审批权限和程序、技术文件的编制、水权转换期限与费用、组织实施与监督管理等做出了明确规定。该文件是我国第一个流域性水权转换规范性文件。

2006年11月，黄河流域首个内蒙古水权转换项目第一个标志性工程——鄂绒硅电联产项目水权转换节水改造工程，全面完工通过核验。

黄河水权转换是依据水利部可持续发展水利治水新思路及水权、水市场理论，按照"投资节水、转让水权"的设计，让工业投资农业节水改造，通过衬砌渠道将渗漏无效蒸发等结余水量转让给工业使用，旨在提高水资源利用效率和效益，促进地区经济社会的可持续发展。黄河水权转换试点工作的开展，对于探索黄河流域水权转换工作经验，实现黄河水资源的优化配置和高效利用将起到积极的作用。

相关文件

《黄河水权转换管理实施办法（试行）》（黄河水利委员会，2004年）

《水利部关于内蒙古宁夏黄河干流水权转换试点工作的指导意见》（水利部，2004年修订）

《水利部关于水权转让的若干意见》（水利部，2005年）

《黄河水权转换节水工程核验办法（试行）》（黄河水利委员会，2005年）

第15问 《黄河保护法》第十章重点内容是什么？

第十章（法律责任）共计13条，规定对违反本法规定的直接负责的主管人员和其他直接责任人员依法给予警告、记过、记大过或者降级处分；造成严重后果的，给予撤职或者开除处分，其主要负责人应当引咎辞职。

规定对违反本法规定的生产建设活动，如在黄河干支流岸线管控范围内新建、扩建化工园区或者化工项目，在黄河干流岸线或者重要支流岸线的管控范围内新建、改建、扩建尾矿库，违反生态环境准入清单规定进行生产建设活动，责令停止违法行为，限期拆除或者恢复原状，并实行双罚制。

规定对违反本法规定，在黄河流域禁止开垦坡度以上陡坡地开垦种植农作物的，损坏、擅自占用淤地坝的，从事生产建设活动造成水土流失未进行治理，或者治理不符合国家规定的相关标准的，责令停止违法行为，采取退耕、恢复植被等补救措施，并处罚款。

规定对违反本法规定，黄河干流、重要支流水工程未将生态用水调度纳入日常运行调度规程的，责令改正，给予警告，并处罚款。

规定对违反本法规定，一是禁渔期内在黄河流域重点水域从事天然渔业资源生产性捕捞的，没收渔获物、违法所得以及用于违法活动的渔船、渔具和其他工具，并处以罚款。二是在黄河流域开放水域养殖、投放外来物种或者其他非本地物种种质资源的，责令限期捕回，处以罚款，逾期不捕回的，代为捕回或者采取降低负面影响的措施，所需费用由违法者承担。三是在三门峡、小浪底、故县、陆浑、河口村水库库区采用网箱、围网或者拦河拉网方式养殖，妨碍水沙调控和防洪的，责令停止违法行为，拆除网箱、围网或者拦河拉网，处以罚款。

规定对违反本法规定，未经批准擅自取水，或者未依照批准的取水许可规定条件取水的，责令停止违法行为，限期采取补救措施，并处罚款。

　　规定对违反本法规定，用水超过强制性用水定额，未按照规定期限实施节水技术改造的，责令限期整改，可以处罚款，甚至吊销取水许可证。

　　规定对违反本法规定，取水量达到取水规模以上的单位未安装在线计量设施，责令限期安装，并按照日最大取水能力计算的取水量计征相关费用，处以罚款或吊销取水许可证；在线计量设施不合格或者运行不正常的，责令限期更换或者修复，逾期不更换或者不修复的，按照日最大取水能力计算的取水量计征相关费用，并处罚款，甚至吊销取水许可证。

　　规定对违反本法规定，农业灌溉取用深层地下水的，责令限期整改，可以处罚款，甚至吊销取水许可证。

　　规定对违反本法规定，流域内水库管理单位不执行黄河流域管理机构的水沙调度指令的，责令改正，给予警告，并处罚款；情节严重的，除罚款外，对相关责任人依法给予处分。

　　规定对违反本法规定，在河湖管理范围内建设妨碍行洪的建筑物等，违法利用、占用河道、湖泊水域和岸线，建设跨（穿）河、穿堤、临河的工程设施，降低行洪和调蓄能力等，侵占黄河备用入海流路，责令停止违法行为，限期拆除违法建筑物等恢复原状，处以罚款，或强制拆除，所需费用由违法者承担。

　　规定对违反本法规定，破坏自然资源和生态、污染环境、妨碍防洪安全、破坏文化遗产等造成他人损害的，侵权人应当依法承担侵权责任。

相关知识

◎ 法律责任及类型

　　法律责任，有广义和狭义之分，广义的法律责任是指任何组织和个人均所负有的遵守法律、自觉地维护法律的尊严的义务。狭义的法律责任是指违法者对违法行为所应承担的具有强制性的法律上的责任。法律责任同

违法行为紧密相连，只有实施某种违法行为的人（包括法人），才承担相应的法律责任。由国家授权的机关依法追究法律责任，实施法律制裁，其他组织和个人无权行使此项权力。

法律责任主要分为五类，即刑事法律责任、民事法律责任、行政法律责任、经济法律责任、违宪法律责任。

追究法律责任的原则包括：个人负责；不株连原则；重在教育原则；依法追究法律责任原则。

第16问 《黄河保护法》规定黄河流域统筹协调机制的职责有哪些？

《黄河保护法》第四条指出：国家建立黄河流域生态保护和高质量发展统筹协调机制（以下简称黄河流域统筹协调机制），全面指导、统筹协调黄河流域生态保护和高质量发展工作，审议黄河流域重大政策、重大规划、重大项目等，协调跨地区跨部门重大事项，督促检查相关重要工作的落实情况。

此外，黄河流域统筹协调机制统筹协调国务院有关部门和黄河流域省级人民政府，在已经建立的台站和监测项目基础上，健全黄河流域生态环境、自然资源、水文、泥沙、荒漠化和沙化、水土保持、自然灾害、气象等监测网络体系（第一章第十二条）。黄河流域统筹协调机制设立黄河流域生态保护和高质量发展专家咨询委员会，对黄河流域重大政策、重大规划、重大项目和重大科技问题等提供专业咨询（第一章第十四条）。黄河流域县级以上地方人民政府应当严格控制黄河流域以人工湖、人工湿地等形式新建人造水景观，黄河流域统筹协调机制应当组织有关部门加强监督管理（第二章第二十五条）。

该法同时指出，黄河流域省、自治区可以根据需要，建立省级协调机制，组织、协调推进本行政区域黄河流域生态保护和高质量发展工作（第一章第四条）。国务院有关部门按照职责分工，负责黄河流域生态保护和高质量发展相关工作（第一章第五条）。黄河流域县级以上地方人民政府负责本行政区域黄河流域生态保护和高质量发展工作（第一章第六条）。

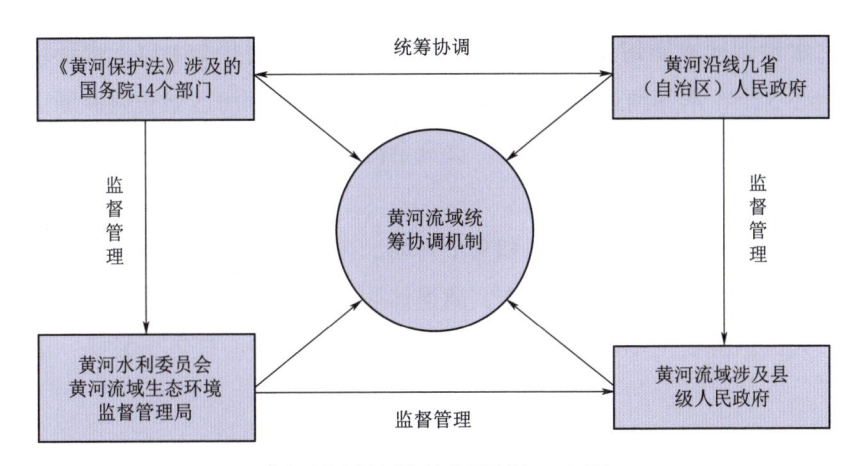

黄河流域统筹协调机制示意图

相关知识

◎ 黄河流域水文监测概况

黄河水利委员会水文局隶属于水利部黄河水利委员会，是黄河流域（片）水文行业的业务主管部门，担负着黄河流域（片）水文站网规划、水文气象情报预报、干支流河道、水库及滨海区水文测验、水资源调度管理、水质监测、水资源调查评价、水文基本规律研究和水文测验保护区内的水政监察工作，为黄河治理开发与管理和流域经济社会发展提供基础支撑。

黄河水利委员会水文局按照流域特征和业务特点，按三级管理四级机构设置，下设水文水资源局、水文水资源勘测局、水文站及水质监测站三级，辖6个水文水资源局、1个勘察测绘局、17个勘测局（队）。

水文站共145处，其中基本水文站118处、渠道站18处、省界站7处、水沙因子实验站2处，水位站93处、雨量站891处、蒸发站共37处、水功能区水质监测断面73个、悬移质监测断面9个、入黄排污口断面23

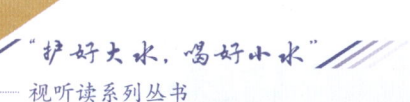

个、水量调度水质旬测断面 14 个、地下水水质监测井 251 口，水环境监测中心 5 个，水库河道淤积测验断面 724 处，河口滨海区淤积测验断面面积 14000km^2，共设验潮站 19 处，负责全流域的雨、水、沙、河道、水库、滨海等水文要素测报工作。

机关设有 14 个职能部门和 9 个科研、生产、经营、后勤部门。截至 2018 年，共有在职职工 2134 人，离退休职工 1512 人。

人民治理黄河 70 多年来，黄河水文围绕治黄中心任务，发扬"艰苦

奋斗、无私奉献、严细求实、团结开拓"的黄河水文精神，为流域防汛抗旱和水资源统一调度与管理提供了卓有成效的技术支撑，为治黄事业做出了应有贡献。

目前，以水文信息化、智能化、感知化为发展方向，以构建"八大体系"为抓手，加快推进智慧水文、富强水文、美好水文建设，为流域水灾害防治、水资源节约、水生态保护修复、水环境治理和治黄改革发展做好坚实基础支撑。

第17问 《黄河保护法》涉及国务院哪些主管部门和机构？

《黄河保护法》共涉及国务院14个主管部门。

第七条涉及国务院水行政、生态环境、自然资源、住房和城乡建设、农业农村、发展改革、应急管理、林业和草原、文化和旅游、标准化等共计10个主管部门。此外，在第十一条、第五十五条、第八十条、第九十四条、第一百零二条，分别涉及国务院野生动物保护主管部门（林业和草原）、工业和信息化主管部门、卫生健康、文物、财政等5个主管部门。

此外，第五条指出：国务院水行政主管部门黄河水利委员会（以下简称黄河流域管理机构）及其所属管理机构，依法行使流域水行政监督管理职责，为黄河流域统筹协调机制相关工作提供支撑保障。国务院生态环境主管部门黄河流域生态环境监督管理机构（以下简称黄河流域生态环境监督管理机构）依法开展流域生态环境监督管理相关工作。

```
                ┌──────────────────────────────────────────┐
                │           中华人民共和国外交部              │
                ├──────────────────────────────────────────┤
                │      中华人民共和国国家发展和改革委员会       │
                ├──────────────────────────────────────────┤
                │          中华人民共和国科学技术部            │
                ├──────────────────────────────────────────┤
                │     中华人民共和国国家民族事务委员会         │
                ├──────────────────────────────────────────┤
                │          中华人民共和国国家安全部            │
                ├──────────────────────────────────────────┤
                │           中华人民共和国司法部               │
                ├──────────────────────────────────────────┤
                │  中华人民共和国人力资源和社会保障部(国家外国专家局) │
                ├──────────────────────────────────────────┤
                │  中华人民共和国生态环境部(国家核安全局)       │
                ├──────────────────────────────────────────┤
                │          中华人民共和国交通运输部            │
                ├──────────────────────────────────────────┤
                │  中华人民共和国农业农村部(国家乡村振兴局)     │
   国务院         ├──────────────────────────────────────────┤
   组成           │         中华人民共和国文化和旅游部          │
   部门           ├──────────────────────────────────────────┤
                │        中华人民共和国退役军人事务部          │
                ├──────────────────────────────────────────┤
                │              中国人民银行                   │
                ├──────────────────────────────────────────┤
                │           中华人民共和国国防部              │
                ├──────────────────────────────────────────┤
                │  中华人民共和国教育部(国家语言文字工作委员会) │
                ├──────────────────────────────────────────┤
                │ 中华人民共和国工业和信息化部(国家航天局、国家原子能机构) │
                ├──────────────────────────────────────────┤
                │           中华人民共和国公安部              │
                ├──────────────────────────────────────────┤
                │           中华人民共和国民政部              │
                ├──────────────────────────────────────────┤
                │           中华人民共和国财政部              │
                ├──────────────────────────────────────────┤
                │  中华人民共和国自然资源部(国家海洋局)         │
                ├──────────────────────────────────────────┤
                │       中华人民共和国住房和城乡建设部         │
                ├──────────────────────────────────────────┤
                │           中华人民共和国水利部              │
                ├──────────────────────────────────────────┤
                │           中华人民共和国商务部              │
                ├──────────────────────────────────────────┤
                │       中华人民共和国国家卫生健康委员会       │
                ├──────────────────────────────────────────┤
                │         中华人民共和国应急管理部            │
                ├──────────────────────────────────────────┤
                │           中华人民共和国审计署              │
                └──────────────────────────────────────────┘
```

第18问 《黄河保护法》涉及国务院水行政主管部门权限的条款有哪些？

《黄河保护法》共有23条明确提及国务院水行政主管部门的权限。

第五条明确其职责分工。

第七条规定各主管部门按照职责分工，建立健全各相关标准体系。

第十一条规定其应当组织开展黄河流域水土流失调查监测。

第二十三条规定其应当依法编制黄河流域综合规划、水资源规划、防洪规划等。

第二十六条规定其和其他部门按照职责分工负责干支流目录、岸线管控。

第三十三条规定其和有关部门应当开展水土保持工作。

第三十四条规定其和有关部门应当组织开展淤地坝建设工作。

第三十六条规定其和有关部门、山东省人民政府应当编制并实施黄河入海河口整治规划。

第三十七条规定其确定干流、重要支流控制断面生态流量和重要湖泊生态水位。

第四十三条规定其和有关部门应当组织划定并公布黄河流域地下水超采区。

第四十六条规定制定和调整的黄河水量分配方案和跨省支流水量分配方案，要经其审查后报国务院。

第四十七条规定其组织黄河流域水资源统一调度的实施和监督管理。

第四十八条规定其和有关部门应当制定省级行政区域地下水取水总量控制指标。

第五十条规定其应当确定公布、适时调整指定河段和限额标准。

第五十一条规定其和有关部门应当定期组织开展水资源评价和承载能力调查评估。

第五十二条规定其和有关部门应当组织制定高耗水工业和服务业强制性用水定额。

第五十三条规定其制定取水规模标准。

第五十四条规定其和有关部门制定并发布高耗水产业准入负面清单和淘汰类高耗水产业目录。

第五十七条规定其和有关部门应当制定重要饮用水水源地名录。

第六十一条规定其制定纳入水沙调控体系的工程名录。

第六十三条规定其组织编制黄河防御洪水方案。

第六十四条规定其应当对黄河流域管理机构制定年度防凌调度方案进行备案。

第六十六条规定其应当对黄河流域管理机构会同黄河流域省级人民政府依据黄河流域防洪规划制定的黄河滩区名录进行审核批准。

相关知识

◎ 水利部简介

水利部，内设规划计划司、政策法规司、水资源管理司、全国节约用水办公室、水利工程建设司、水旱灾害防御司、运行管理司、河湖管理司、水土保持司、农村水利水电司、水库移民司、水文司、三峡工程管理司、南水北调工程管理司、调水管理司等机构。

水利部直属单位有长江水利委员会、黄河水利委员会、淮河水利委员会、海河水利委员会、珠江水利委员会、松辽水利委员会、太湖流域管理局共7个流域管理机构，以及水利部综合事业局、水利部南水北调规划设计管理局、水利部机关服务局，水利部水利水电规划设计总院、中国水利水电科学研究院、南京水利科学研究院，水利部信息中心、发展研究中心、宣传教育中心、水资源管理中心等12个中心，中国水利学会、中国水利博物馆、中国水利报社、中国水利水电出版传媒集团有限公司等共计30家单位。

```
                    ┌─ 保障水资源的合理开发利用
                    ├─ 生活、生产经营和生态环境用水的统筹和保障
                    ├─ 制定水利工程建设有关制度并组织实施
                    ├─ 指导水资源保护工作
                    ├─ 负责节约用水工作
                    ├─ 指导水文工作
中华人民共和国水利部 ─┤─ 指导水利设施、水域及其岸线的管理、保护与综合利用
                    ├─ 指导监督水利工程建设与运行管理
                    ├─ 负责水土保持工作
                    ├─ 指导农村水利工作
                    ├─ 指导水利工程移民管理工作
                    ├─ 负责重大涉水违法事件的查处，协调和仲裁跨省、自治区、直辖市水事纠纷，指导水改监察和水行政执法
                    ├─ 开展水利科技和外事工作
                    ├─ 负责落实综合防灾减灾规划相关要求，组织编制洪水干旱灾害防治规划和防护标准并指导实施
                    ├─ 完成党中央、国务院交办的其他任务
                    └─ 职能转变
```

水利部主要职责

第19问 《黄河保护法》涉及国务院自然资源主管部门权限的条款有哪些？

《黄河保护法》共有10条明确提及国务院自然资源主管部门的权限。

第七条规定各主管部门按照职责分工，建立健全各相关标准体系。

第十一条规定其和有关部门应当定期组织开展自然资源状况调查。

第二十二条规定其和有关部门应当组织编制国土空间规划。

第二十六条规定其和其他部门按照职责分工负责干支流目录、岸线管控。

第二十九条规定其和有关部门应当编制国土空间生态修复规划。

第三十六条规定其和有关部门、山东省人民政府应当组织开展黄河三角洲湿地生态保护与修复。

第三十七条规定其应当会同国务院水行政主管部门研究确定黄河干流、重要支流控制断面生态流量和重要湖泊生态水位的管控指标。

第四十三条规定国务院水行政主管部门应当会同其组织划定并公布黄河流域地下水超采区。

第四十八条规定国务院水行政主管部门应当会同其制定省级行政区域地下水取水总量控制指标。

第五十一条规定国务院水行政主管部门应当会同其定期组织开展水资源评价和承载能力调查评估。

相关知识

◎ 自然资源部简介

自然资源部，内设自然资源调查监测司、自然资源确权登记局、自然资源所有者权益司、自然资源开发利用司、国土空间规划局、国土空间生态修复司、国土空间用途管制司、耕地保护监督司、地质勘查管理司、矿业权管理司、矿产资源保护监督司、海洋战略规划与经济司、海域海岛管理司、海洋预警监测司、国土测绘司、地理信息管理司、国家自然资源总督察办公室等内设机构。

主管国家林业和草原局（国家公园管理局）、中国地质调查局，以及国家自然资源督察北京局、沈阳局、上海局、南京局、济南局、广州局、武汉局、成都局、西安局共9个督察局，国家海洋信息中心、评审中心、咨询研究中心、不动产登记中心、地图技术审查中心、职业技能鉴定指导中心、国家基础地理信息中心、国土卫星遥感应用中心、自然资源报社、中国地图出版集团等部属事业单位共50家。

```
                            ┌─ 履行自然资源资产所有者和所有国土空间用途管制职责
                            ├─ 负责自然资源调查监测评价
                            ├─ 负责自然资源统一确权登记工作
                            ├─ 负责自然资源资产有偿使用工作
                            ├─ 负责自然资源的合理开发利用
                            ├─ 建立空间规划体系并监督实施
                            ├─ 统筹国土空间生态修复
中                          ├─ 组织实施最严格的耕地保护制度
华
人                          ├─ 管理地质勘查行业和全国地质工作
民
共     ─┤                   ├─ 落实综合防灾减灾规划相关要求，
和                          │  组织编制规划和标准并指导实施
国
自                          ├─ 负责矿产资源管理工作
然
资                          ├─ 监督实施海洋战略规划和发展海洋经济
源
部                          ├─ 海洋开发利用和保护的监督管理
                            ├─ 负责测绘地理信息管理工作
                            ├─ 推动自然资源领域科技发展
                            ├─ 开展自然资源国际合作
                            ├─ 指导地方有关行政执法工作
                            ├─ 管理国家林业和草原局
                            ├─ 管理中国地质调查局
                            ├─ 完成党中央、国务院交办的其他任务
                            └─ 职能转变
```

自然资源部主要职责

第 20 问 《黄河保护法》涉及国务院生态环境主管部门权限的条款有哪些？

《黄河保护法》共有 12 条明确提及国务院生态环境主管部门的权限，另有 3 条提及报国务院生态环境主管部门备案。

第五条明确其职责分工。

第七条规定各主管部门按照职责分工，建立健全各相关标准体系。

第十一条规定其应当定期组织开展黄河流域生态状况评估。

第十二条规定各有关部门按照职责分工，健全完善生态环境风险报告和预警机制。

第十三条规定其和有关部门应当建立健全黄河流域突发生态环境事件应急联动工作机制。

第二十六条规定其应当对黄河流域省级人民政府制定生态环境分区管控方案和生态环境准入清单进行备案，应当和其他部门按照职责分工负责干支流目录、岸线管控。

第三十七条规定其应当会同国务院水行政主管部门研究确定黄河干流、重要支流控制断面生态流量和重要湖泊生态水位的管控指标。

第三十九条规定其和地方政府组织开展黄河流域生物多样性保护管理。

第七十三条规定其制定黄河流域水环境质量标准。

第七十四条规定其应当对黄河流域省级人民政府补充制定的地方水污染物排放标准进行备案。

第七十五条规定其确定黄河流域各省级行政区域重点水污染物排放总量控制指标。

第八十条规定其应当在黄河流域定期组织开展大气、水体、土壤、生物中有毒有害化学物质调查监测。

相关知识

◎ 生态环境部简介

生态环境部，内设中央生态环境保护督察办公室、自然生态保护司、水生态环境司、海洋生态环境司、应对气候变化司、土壤生态环境司、固体废物与化学品司、环境影响评价与排放管理司、生态环境监测司、生态环境执法局等机构。

主管华北督察局、华东督察局、华南督察局、西北督察局、西南督察局、东北督察局、华北核与辐射安全监督站、华东核与辐射安全监督站、华南核与辐射安全监督站、西北核与辐射安全监督站、西南核与辐射安全监督站、东北核与辐射安全监督站、长江流域生态环境监督管理局、黄河流域生态环境监督管理局、淮河流域生态环境监督管理局、海河流域北海海域生态环境监督管理局、珠江流域南海海域生态环境监督管理局、松辽流域生态环境监督管理局、太湖流域东海海域生态环境监督管理局以及中国环境科学研究院、中国环境监测总站、信息中心、环境与经济政策研究中心等单位。

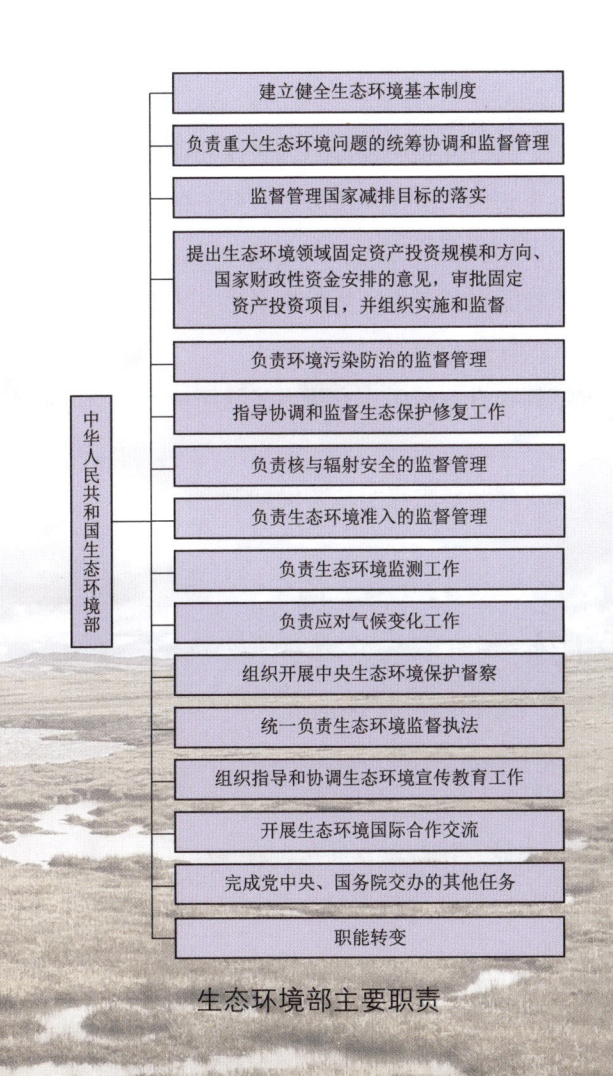

```
                              ┌─ 建立健全生态环境基本制度
                              ├─ 负责重大生态环境问题的统筹协调和监督管理
                              ├─ 监督管理国家减排目标的落实
                              ├─ 提出生态环境领域固定资产投资规模和方向、
                              │  国家财政性资金安排的意见，审批固定
                              │  资产投资项目，并组织实施和监督
                              ├─ 负责环境污染防治的监督管理
                              ├─ 指导协调和监督生态保护修复工作
中华人民共和国生态环境部 ─────┼─ 负责核与辐射安全的监督管理
                              ├─ 负责生态环境准入的监督管理
                              ├─ 负责生态环境监测工作
                              ├─ 负责应对气候变化工作
                              ├─ 组织开展中央生态环境保护督察
                              ├─ 统一负责生态环境监督执法
                              ├─ 组织指导和协调生态环境宣传教育工作
                              ├─ 开展生态环境国际合作交流
                              ├─ 完成党中央、国务院交办的其他任务
                              └─ 职能转变
```

生态环境部主要职责

第21问 《黄河保护法》涉及国务院农业农村主管部门权限的条款有哪些？

《黄河保护法》共有4条明确提及国务院农业农村主管部门的权限。

第七条规定各主管部门按照职责分工，建立健全各相关标准体系。

第三十九规定各相关部门应当按照职责分工，对数量急剧下降或者极度濒危的野生动植物和受到严重破坏的栖息地、天然集中分布区、破碎化的典型生态系统开展保护与修复。

第四十条规定其和有关部门、省级人民政府应当组织开展水生生物完整性评价。

第四十二条规定其制定重点水域禁渔期制度。

相关知识

◎ 农业农村部简介

农业农村部，内设乡村产业发展司、农村社会事业促进司、农村合作经济指导司、农产品质量安全监管司、种业管理司、种植业管理司（农药管理司）、农垦局等机构。

主管中国农业科学院、中国热带农业科学院，中国水产科学研究院，中国农业出版社、中国绿色食品发展中心，全国农业技术推广服务中心等单位，共36家。

```
                        ┌─ 统筹研究和组织实施"三农"工作的发展战略、中长期规划、重大政策
                        ├─ 统筹推动发展农村社会事业、公共服务、文化、基础设施和乡村治理
                        ├─ 拟订深化农村经济体制改革和巩固完善农村基本经营制度的政策
                        ├─ 指导乡村特色产业、农产品加工业、休闲农业和乡镇企业发展工作
                        ├─ 负责种植业、畜牧业、渔业、农垦、农业机械化等农业各产业的监督管理
中华人民共和国农业农村部 ─┤─ 负责农产品质量安全监督管理
                        ├─ 组织农业资源区划工作
                        ├─ 负责有关农业生产资料和农业投入品的监督管理
                        ├─ 负责农业防灾减灾、农作物重大病虫害防治工作
                        ├─ 负责农业投资管理
                        ├─ 推动农业科技体制改革和农业科技创新体系建设
                        ├─ 指导农业农村人才工作
                        ├─ 牵头开展农业对外合作工作
                        └─ 完成党中央、国务院交办的其他任务
```

农业农村部主要职责

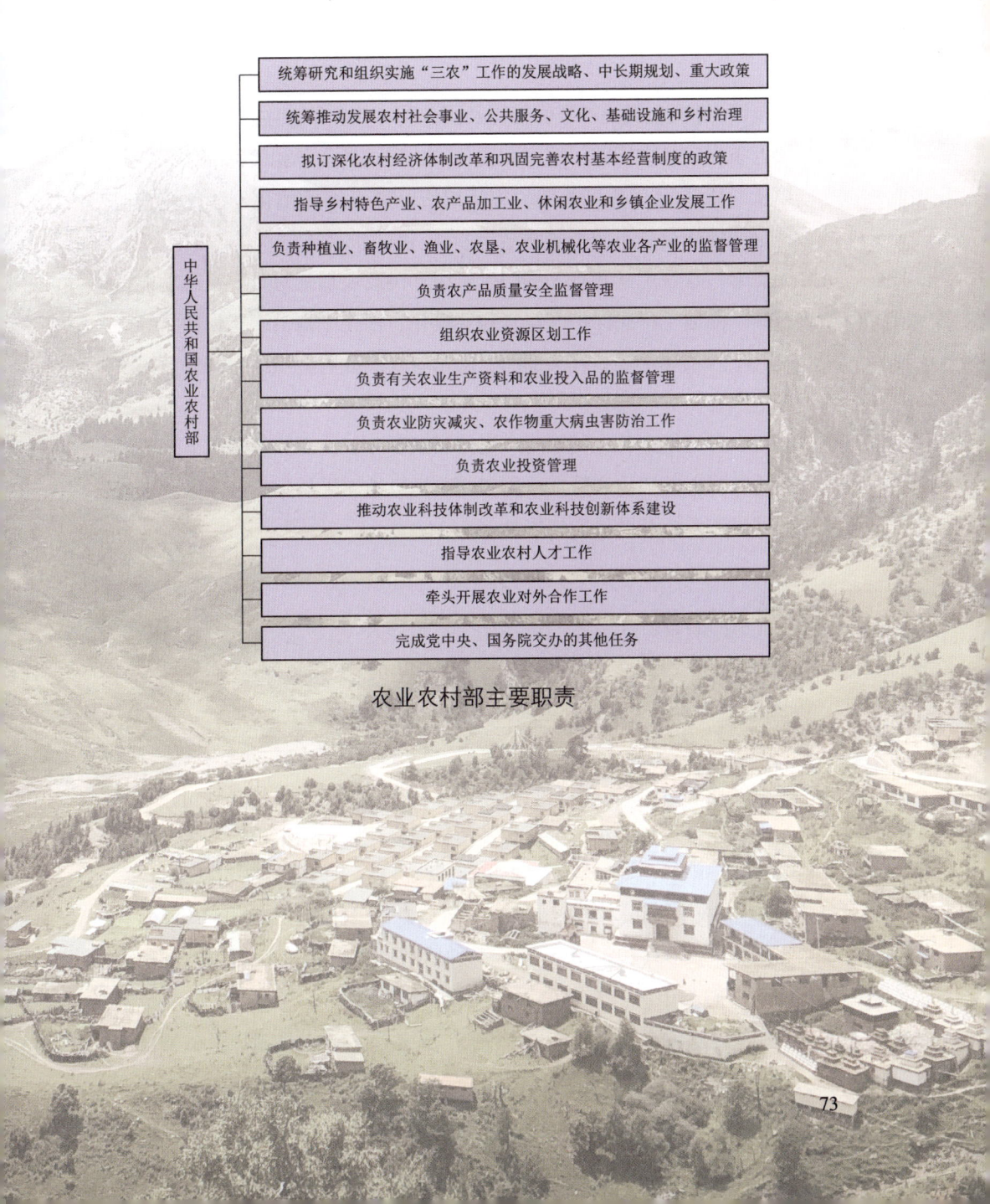

第22问 《黄河保护法》涉及国务院林业和草原主管部门权限的条款有哪些？

《黄河保护法》共有5条明确提及国务院林业和草原主管部门的权限。

第七条规定各主管部门按照职责分工，建立健全各相关标准体系。

第十一条规定其和有关部门应当组织开展土地荒漠化、沙化调查监测，并定期向社会公布调查监测结果。

第三十一条规定其和有关部门、省级人民政府加强对重要生态功能区域天然林、湿地、草原保护与修复和荒漠化、沙化土地治理工作的指导。

第三十六条规定其和有关部门、山东省人民政府应当组织开展黄河三角洲湿地生态保护与修复。

第三十九条规定各相关部门应当按照职责分工，对数量急剧下降或者极度濒危的野生动植物和受到严重破坏的栖息地、天然集中分布区、破碎化的典型生态系统开展保护与修复。

相关知识

◎ 国家林业和草原局简介

国家林业和草原局，由自然资源部主管，内设生态保护修复司、森林资源管理司、草原管理司、湿地管理司、荒漠化防治司等机构，主管生态建设工程管理中心，西北华北东北防护林建设局，国家公园（自然保护地）发展中心，野生动物保护监测中心，中国林业科学研究院等单位共33家。

为加大生态系统保护力度，统筹森林、草原、湿地监督管理，加快建立以国家公园为主体的自然保护地体系，保障国家生态安全，2018年国务院机构改革方案提出，将国家林业局的职责，农业部的草原监督管理职责，以及国土资源部、住房和城乡建设部、水利部、农业部、国家海洋局等部门的自然保护区、风景名胜区、自然遗产、地质公园等管理职责整合，组建国家林业和草原局，由自然资源部管理。

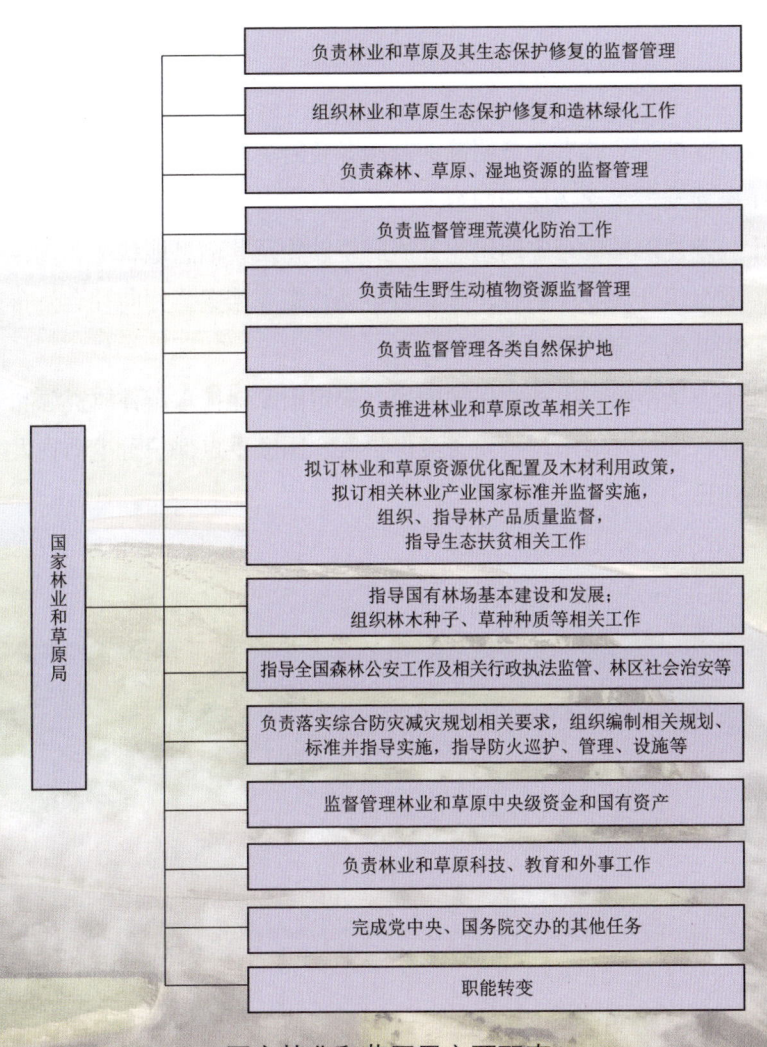

国家林业和草原局
- 负责林业和草原及其生态保护修复的监督管理
- 组织林业和草原生态保护修复和造林绿化工作
- 负责森林、草原、湿地资源的监督管理
- 负责监督管理荒漠化防治工作
- 负责陆生野生动植物资源监督管理
- 负责监督管理各类自然保护地
- 负责推进林业和草原改革相关工作
- 拟订林业和草原资源优化配置及木材利用政策，拟订相关林业产业国家标准并监督实施，组织、指导林产品质量监督，指导生态扶贫相关工作
- 指导国有林场基本建设和发展；组织林木种子、草种种质等相关工作
- 指导全国森林公安工作及相关行政执法监管、林区社会治安等
- 负责落实综合防灾减灾规划相关要求，组织编制相关规划、标准并指导实施，指导防火巡护、管理、设施等
- 监督管理林业和草原中央级资金和国有资产
- 负责林业和草原科技、教育和外事工作
- 完成党中央、国务院交办的其他任务
- 职能转变

国家林业和草原局主要职责

第23问 《黄河保护法》涉及国务院野生动物保护主管部门权限的条款有哪些？

《黄河保护法》共有1条明确提及国务院野生动物保护主管部门的权限，另1条涉及野生动物保护内容。

第十一条规定其应当定期组织开展野生动物及其栖息地状况普查，或者根据需要组织开展专项调查，建立野生动物资源档案，并向社会公布黄河流域野生动物资源状况。

第四十一条涉及野生动物保护内容，规定国家保护水产种质资源和珍贵濒危物种，支持开展水产种质资源保护区、国家重点保护野生动物人工繁育基地建设。

相关知识

◎ 黄河野生动物情况

黄河鱼类变化情况［来自《黄河流域综合规划报告 2011》和《黄河鱼类志》（2015 年出版）］

调查时间	20 世纪 80 年代		21 世纪 10 年代	
	物种个数及名称	分布	物种个数及名称	分布
鱼类种类	125 种	—	183 种	—
列入《国家重点保护水生野生动物名录》	松江鲈	黄河河口	—	—
列入《中国濒危动物红皮书》	松江鲈	河口	—	—
	拟鲇高原鳅	上游	拟鲇高原鳅	黄河上游
	骨唇黄河鱼	上游	骨唇黄河鱼	黄河上游
	极边扁咽齿鱼	上游	极边扁咽齿鱼	黄河上游
	平鳍鳅鮀	黄河贵德至孟津河段	—	—
	北方铜鱼	兰州、宁夏青铜峡及其上游河段	—	—
土著鱼类	24 种	上中下游（集中于上游）	15 种	上中下游（集中于上游）

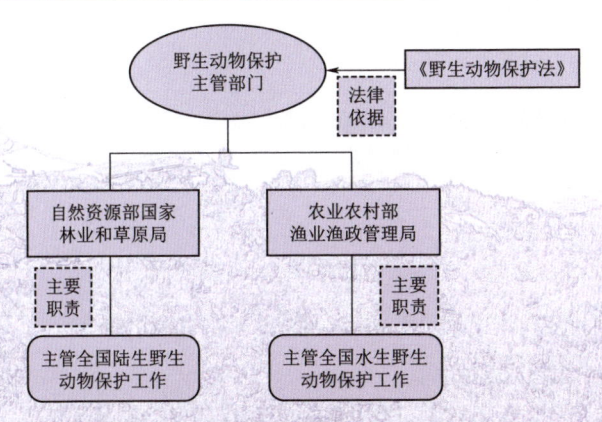

野生动物保护主管部门主要职责

第24问 《黄河保护法》涉及国务院文化和旅游主管部门权限的条款有哪些？

《黄河保护法》共有7条明确提及国务院文化和旅游主管部门的权限。

第七条规定各主管部门按照职责分工，建立健全各相关标准体系。

第九十一条规定其和有关部门应当编制并实施黄河文化保护传承弘扬规划。

第九十二条规定其和有关部门、省级人民政府应当组织开展黄河文化和治河历史研究，推动黄河文化创造性转化和创新性发展。

第九十三条规定其和有关部门应当组织指导黄河文化资源调查和认定，建立黄河文化资源基础数据库。

第九十四条规定各相关部门按照职责分工和分级保护、分类实施的原则，加强对历史文化名城名镇名村、文物、历史建筑和古河道、古堤防、古灌溉工程等水文化遗产以及农耕文化遗产、地名文化遗产等的保护以及非物质文化遗产保护。

第九十六条规定其和相关部门组织开展黄河国家文化公园建设。

第九十八条规定其和有关部门应当统筹黄河文化、流域水景观和水工程等资源，建设黄河文化旅游带。

相关知识

◎ 文化和旅游部简介

文化和旅游部，内设艺术司、公共服务司、科技教育司、非物质文化遗产司、产业发展司等机构。

主管文化和旅游部信息中心、中国艺术研究院、国家图书馆、故宫博物院、中国国家话剧院、中国歌剧舞剧院、中国国家画院、中外文化交流中心等单位。

国家文物局

国家文物局由文化和旅游部管理，主要负责文物和博物馆事业发展、文物保护、世界文化遗产保护、考古、文物和博物馆公共服务、文物保护科技成果转化及宣传推广等工作。内设文物古迹司、考古司、博物馆与社会文物司、革命文物司、科技教育司等机构。

主管北京鲁迅博物馆、中国文物信息咨询中心、中国文化遗产研究院、中国文物报社、中国文物交流中心、考古研究中心等直属单位共8家。

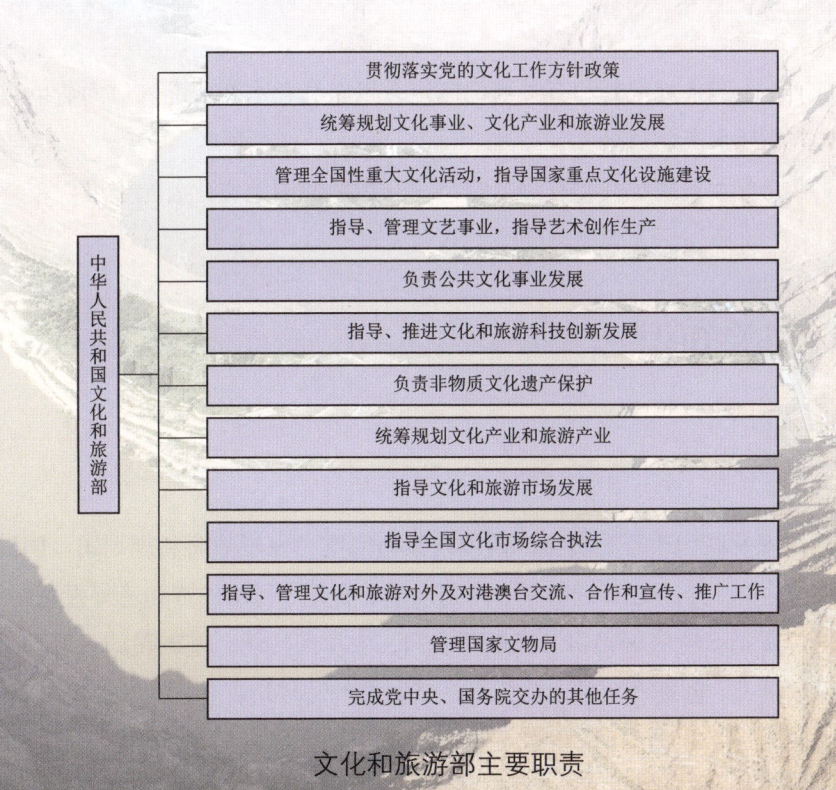

中华人民共和国文化和旅游部	贯彻落实党的文化工作方针政策
	统筹规划文化事业、文化产业和旅游业发展
	管理全国性重大文化活动，指导国家重点文化设施建设
	指导、管理文艺事业，指导艺术创作生产
	负责公共文化事业发展
	指导、推进文化和旅游科技创新发展
	负责非物质文化遗产保护
	统筹规划文化产业和旅游产业
	指导文化和旅游市场发展
	指导全国文化市场综合执法
	指导、管理文化和旅游对外及对港澳台交流、合作和宣传、推广工作
	管理国家文物局
	完成党中央、国务院交办的其他任务

文化和旅游部主要职责

第25问 《黄河保护法》涉及国务院发展改革部门权限的条款有哪些？

《黄河保护法》共有 6 条明确提及国务院发展改革部门的权限。

第七条规定各主管部门按照职责分工，建立健全各相关标准体系。

第二十一条规定其和有关部门应当编制黄河流域生态保护和高质量发展规划。

第四十六条规定制定和调整的黄河水量分配方案和跨省支流水量分配方案，要经其审查后报国务院。

第五十二条规定其和有关部门应当组织制定高耗水工业和服务业强制性用水定额。

第五十四条规定其和有关部门制定并发布高耗水产业准入负面清单和淘汰类高耗水产业目录。

第九十六条规定其和有关部门组织开展黄河国家文化公园建设。

相关知识

◎ 国家发展和改革委员会简介

国家发展和改革委员会，内设政策研究室、发展战略和规划司、国民经济综合司、经济运行调节局、体制改革综合司、利用外资和境外投资司、地区经济司、地区振兴司、区域开放司、农村经济司、基础设施发展司、产业发展司、创新和高技术发展司、资源节约和环境保护司、社会发展司、就业收入分配和消费司、经济贸易司、固定资产投资司等机构。

主管宏观经济研究院、习近平经济思想研究中心、价格认证中心、国际合作中心、国家投资项目评审中心、价格监测中心、国家节能中心、一带一路建设促进中心等直属单位。

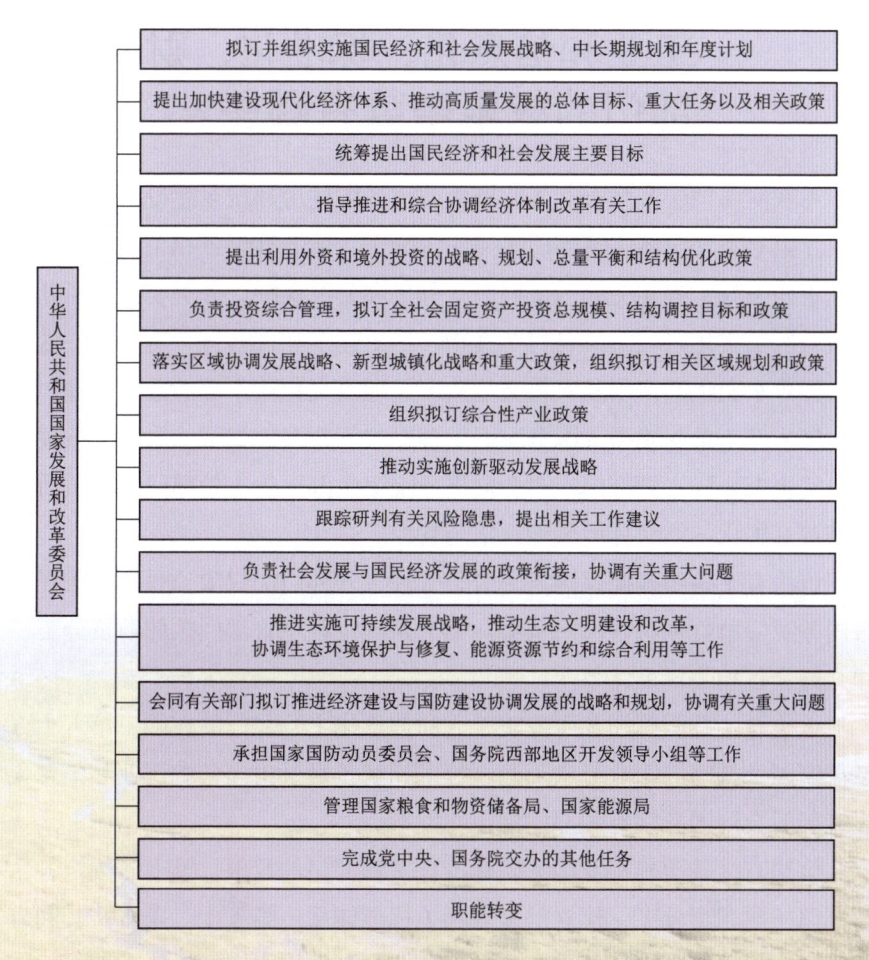

中华人民共和国国家发展和改革委员会	拟订并组织实施国民经济和社会发展战略、中长期规划和年度计划
	提出加快建设现代化经济体系、推动高质量发展的总体目标、重大任务以及相关政策
	统筹提出国民经济和社会发展主要目标
	指导推进和综合协调经济体制改革有关工作
	提出利用外资和境外投资的战略、规划、总量平衡和结构优化政策
	负责投资综合管理,拟订全社会固定资产投资总规模、结构调控目标和政策
	落实区域协调发展战略、新型城镇化战略和重大政策,组织拟订相关区域规划和政策
	组织拟订综合性产业政策
	推动实施创新驱动发展战略
	跟踪研判有关风险隐患,提出相关工作建议
	负责社会发展与国民经济发展的政策衔接,协调有关重大问题
	推进实施可持续发展战略,推动生态文明建设和改革,协调生态环境保护与修复、能源资源节约和综合利用等工作
	会同有关部门拟订推进经济建设与国防建设协调发展的战略和规划,协调有关重大问题
	承担国家国防动员委员会、国务院西部地区开发领导小组等工作
	管理国家粮食和物资储备局、国家能源局
	完成党中央、国务院交办的其他任务
	职能转变

国家发展和改革委员会主要职责

第 26 问 《黄河保护法》涉及国务院住房和城乡建设、卫生健康、应急管理、工业和信息化、标准化、财政主管部门的权限条款有哪些？

《黄河保护法》共有 2 条明确提及国务院住房和城乡建设主管部门的权限。第七条规定各主管部门按照职责分工，建立健全各相关标准体系。第九十四条规定各相关部门按照职责分工和分级保护、分类实施的原则，加强对历史文化名城名镇名村、文物、历史建筑和古河道、古堤防、古灌溉工程等水文化遗产以及农耕文化遗产、地名文化遗产等的监督管理。

该法有 1 条明确提及国务院卫生健康主管部门的权限。第八十条规定国务院生态环境主管部门应当会同国务院卫生健康等主管部门开展黄河流域有毒有害化学物质环境风险评估与管控。

该法有 1 条明确提及国务院应急管理主管部门的权限，另有 1 条提及报国务院应急管理主管部门备案。第七条规定各主管部门按照职责分工，建立健全各相关标准体系。

该法有 1 条明确提及国务院工业和信息化主管部门的权限。第五十五条规定国家鼓励的工业节水工艺、技术和装备目录由国务院工业和信息化主管部门会同国务院有关部门制定并发布。

该法有 2 条明确提及国务院标准化主管部门的权限。第七条规定各主管部门按照职责分工，建立健全各相关标准体系。第五十二条规定其和有关部门应当组织制定高耗水工业和服务业强制性用水定额。

该法有 2 条明确提及国务院财政主管部门的权限。第一百条规定国务院和黄河流域县级以上地方人民政府应当加大对黄河流域生态保护和高质量发展的财政投入；国务院和黄河流域省级人民政府按照中央与地方财政事权和支出责任划分原则，安排资金用于黄河流域生态保护和高质量发展。第一百零二条规定国家加大财政转移支付力度，对黄河流域生态功能重要区域予以补偿。具体办法由国务院财政部门会同国务院有关部门制定。

相关知识

◎ 住房和城乡建设部简介

住房和城乡建设部，内设标准定额司、房地产市场监管司、城市建设司、村镇建设司、工程质量安全监管司、建筑节能与科技司、住房公积金监管司等机构。

主管中国城市规划设计研究院、住房和城乡建设部标准定额研究所、中国建筑文化中心、中国建设报社、建筑杂志社等直属单位。

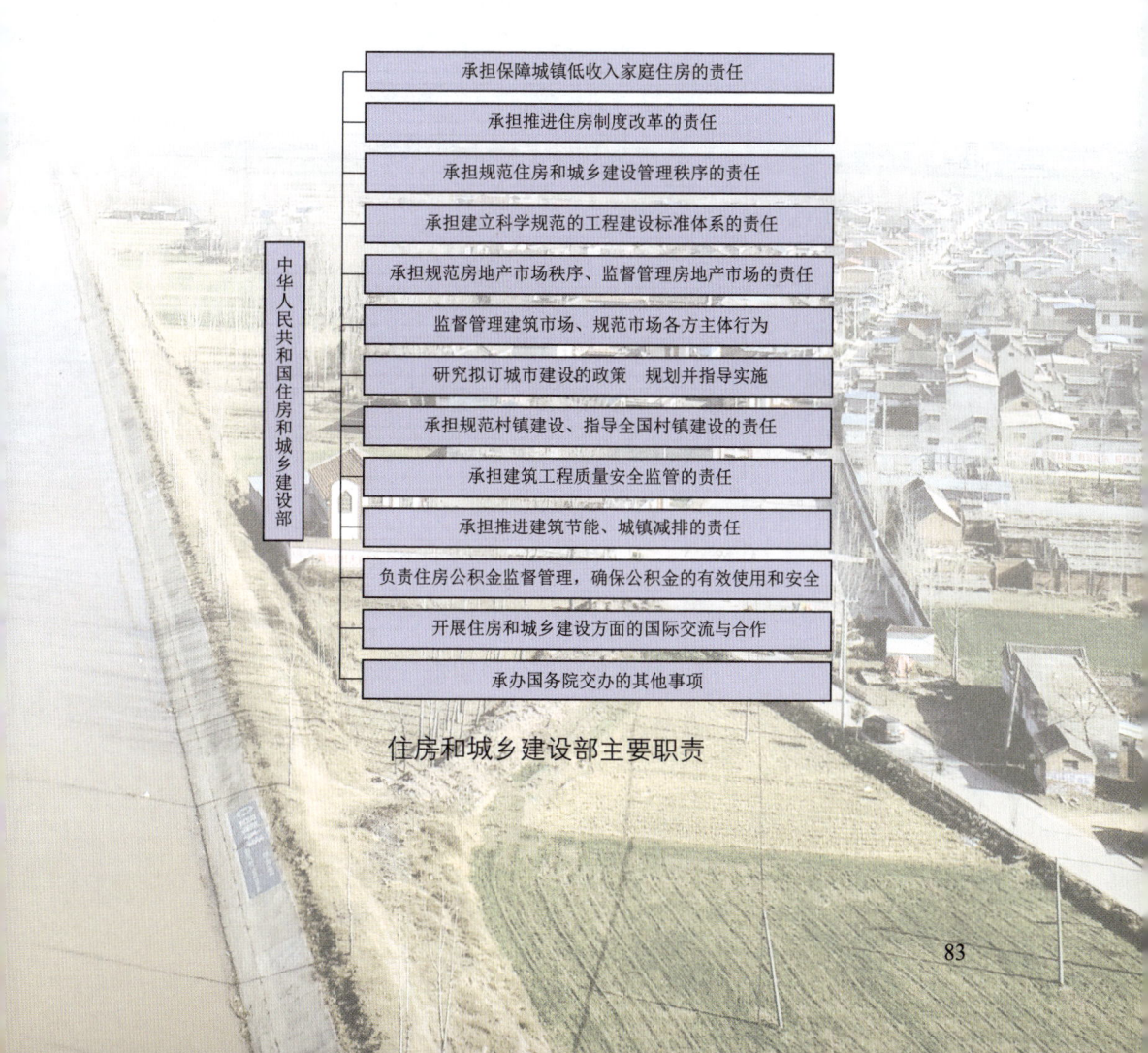

中华人民共和国住房和城乡建设部：
- 承担保障城镇低收入家庭住房的责任
- 承担推进住房制度改革的责任
- 承担规范住房和城乡建设管理秩序的责任
- 承担建立科学规范的工程建设标准体系的责任
- 承担规范房地产市场秩序、监督管理房地产市场的责任
- 监督管理建筑市场、规范市场各方主体行为
- 研究拟订城市建设的政策 规划并指导实施
- 承担规范村镇建设、指导全国村镇建设的责任
- 承担建筑工程质量安全监管的责任
- 承担推进建筑节能、城镇减排的责任
- 负责住房公积金监督管理，确保公积金的有效使用和安全
- 开展住房和城乡建设方面的国际交流与合作
- 承办国务院交办的其他事项

住房和城乡建设部主要职责

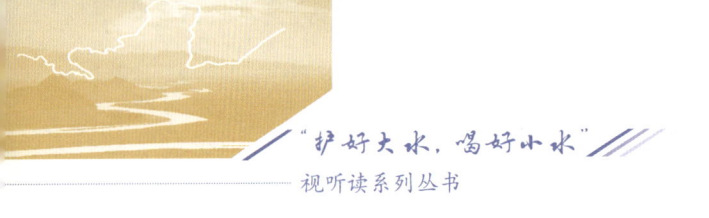

◎ 应急管理部简介

应急管理部，内设应急指挥中心、教育训练司、救援协调和预案管理局、火灾防治管理司、防汛抗旱司等机构。

主管中国地震局、国家矿山安全监察局、国家消防救援局、国家安全生产应急救援中心。议事机构包括国家防汛抗旱指挥部、国务院抗震救灾指挥部、国务院安全生产委员会、国家森林草原防灭火指挥部、国家减灾委员会。

中华人民共和国应急管理部
- 组织编制国家应急总体预案和规划
- 指导各地区各部门应对突发事件工作
- 推动应急预案体系建设和预案演练
- 建立灾情报告系统并统一发布灾情
- 统筹应急力量建设和物资储备并在救灾时统一调度
- 组织灾害救助体系建设
- 指导安全生产类、自然灾害类应急救援
- 承担国家应对特别重大灾害指挥部工作
- 指导火灾、水旱灾害、地质灾害等防治
- 负责安全生产综合监督管理和工矿商贸行业安全生产监督管理
- 管理应急救援队伍
- 处理好救灾与防灾的关系
- 明确与相关部门和地方各自职责分工，建立协调配合机制

应急管理部主要职责

◎ 国家标准化管理委员会简介

国家标准化管理委员会，内设标准技术管理司和标准创新管理司。

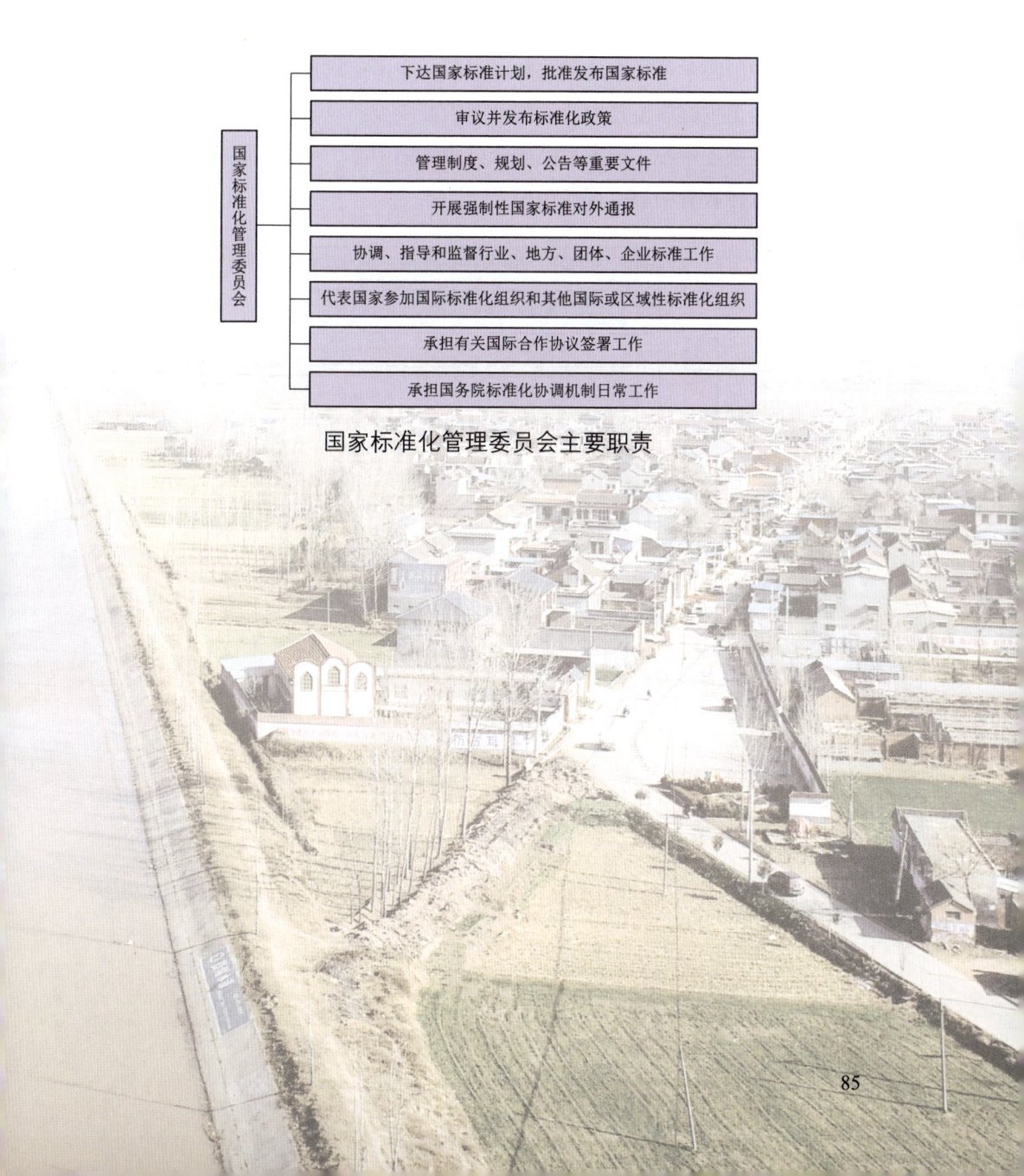

```
                    ┌──────────────────────────────────────┐
                    │ 下达国家标准计划，批准发布国家标准 │
                    ├──────────────────────────────────────┤
                    │ 审议并发布标准化政策                 │
         国         ├──────────────────────────────────────┤
         家         │ 管理制度、规划、公告等重要文件       │
         标         ├──────────────────────────────────────┤
         准         │ 开展强制性国家标准对外通报           │
         化         ├──────────────────────────────────────┤
         管         │ 协调、指导和监督行业、地方、团体、企业标准工作 │
         理         ├──────────────────────────────────────┤
         委         │ 代表国家参加国际标准化组织和其他国际或区域性标准化组织 │
         员         ├──────────────────────────────────────┤
         会         │ 承担有关国际合作协议签署工作         │
                    ├──────────────────────────────────────┤
                    │ 承担国务院标准化协调机制日常工作     │
                    └──────────────────────────────────────┘
```

国家标准化管理委员会主要职责

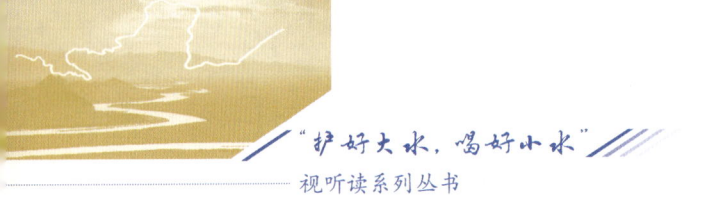

◎ 国家卫生健康委员会简介

国家卫生健康委员会，内设医政司、基层卫生健康司、医疗应急司、药物政策与基本药物制度司、食品安全标准与监测评估司、老龄健康司、妇幼健康司、职业健康司、人口监测与家庭发展司、保健局等机构。

主管中国医学科学院北京协和医学院、中国疾病预防控制中心、国家卫生健康委卫生健康监督中心、国家卫生健康委药具管理中心、国家卫生健康委机关服务中心、国家食品安全风险评估中心、中国健康教育中心、中国人口宣传教育中心等部属单位。

中华人民共和国国家卫生健康委员会	职责
	组织拟订国民健康政策
	协调推进深化医药卫生体制改革
	制定并组织落实疾病预防控制规划
	组织拟订并协调落实应对人口老龄化政策措施
	组织制定国家药物政策和国家基本药物制度
	负责职责范围内的公共卫生的监督管理
	制定医疗机构、医疗服务行业管理办法并监督实施
	负责计划生育管理和服务工作
	指导地方卫生健康工作
	负责中央保健对象的医疗保健工作
	管理国家中医药管理局
	完成党中央、国务院交办的其他任务
	职能转变

国家卫生健康委员会主要职责

◎ 工业和信息化部简介

工业和信息化部，内设企业局、节能司、安全司、原材料司、装备一司、装备二司、消费品司、军民司、电子司、信发司、通信司、国防科工局、国家烟草专卖局、国家航天局、国家原子能机构等机构。

主管应急通信保障中心、国家无线电监测中心、中国信息通信研究院、中国工信出版传媒集团有限责任公司、工业和信息化部新闻宣传中心（人民邮电报社）、中国电子信息产业发展研究院、中国电子信息产业发展研究院等部属单位。

中华人民共和国工业和信息化部	主要职责
	提出新型工业化发展战略和政策
	制定并组织实施工业、通信业的行业规划、计划和产业政策
	监测分析工业、通信业运行态势，统计并发布相关信息
	负责提出工业、通信业和信息化固定资产投资规模和方向；中央财政性建设资金安排的意见
	拟订高技术产业的规划、政策和标准并组织实施
	承担振兴装备制造业组织协调的责任
	拟订并组织实施工业、通信业的能源节约等政策
	推进工业、通信业体制改革和管理创新
	负责中小企业发展的宏观指导
	统筹推进国家信息化工作
	统筹规划公用通信网、互联网、专用通信网
	统一配置和管理无线电频谱资源
	承担通信网络安全及相关信息安全管理的责任
	开展工业、通信业和信息化的对外合作与交流
	承办国务院交办的其他事项

工业和信息化部主要职责

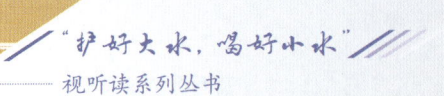

◎ 财政部简介

财政部，内设条法司、税政司、关税司等机构，以及财政部北京监管局、天津监管局、河北监管局、山西监管局、内蒙古监管局、辽宁监管局。

主管国库支付中心、关税政策研究中心、世界银行贷款项目评估中心、国有金融资本运营评价中心、干部教育中心、财政票据监管中心等单位以及国家融资担保基金有限责任公司、中国政企合作投资基金股份有限公司等基金公司。

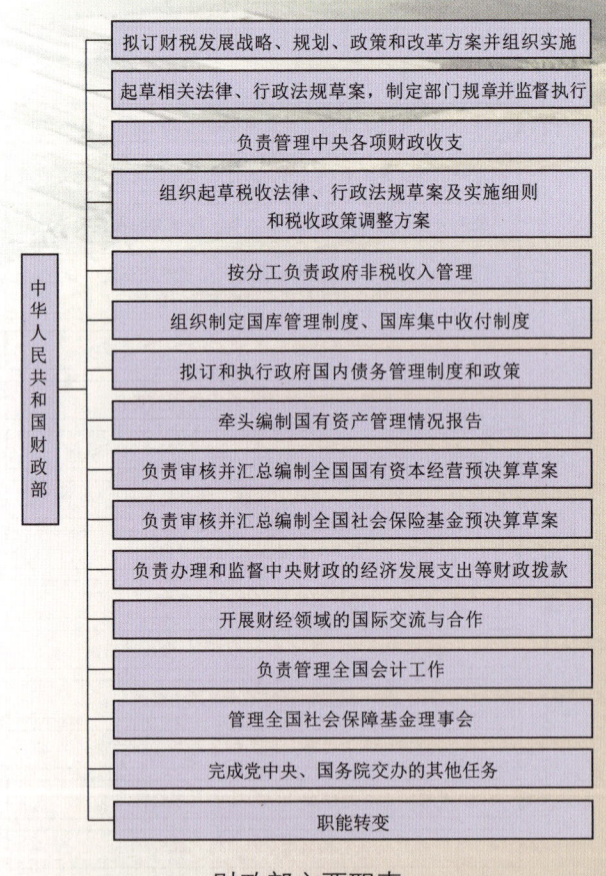

中华人民共和国财政部：
- 拟订财税发展战略、规划、政策和改革方案并组织实施
- 起草相关法律、行政法规草案，制定部门规章并监督执行
- 负责管理中央各项财政收支
- 组织起草税收法律、行政法规草案及实施细则和税收政策调整方案
- 按分工负责政府非税收入管理
- 组织制定国库管理制度、国库集中收付制度
- 拟订和执行政府国内债务管理制度和政策
- 牵头编制国有资产管理情况报告
- 负责审核并汇总编制全国国有资本经营预决算草案
- 负责审核并汇总编制全国社会保险基金预决算草案
- 负责办理和监督中央财政的经济发展支出等财政拨款
- 开展财经领域的国际交流与合作
- 负责管理全国会计工作
- 管理全国社会保障基金理事会
- 完成党中央、国务院交办的其他任务
- 职能转变

财政部主要职责

黄河保护法及相关知识 52 问

第 27 问 《黄河保护法》规定的黄河防汛抗旱指挥机构的职责有哪些？

《黄河保护法》第六十三条规定：国务院水行政主管部门组织编制黄河防御洪水方案，经国家防汛抗旱指挥机构审核后，报国务院批准。黄河流域管理机构应当会同黄河流域省级人民政府根据批准的黄河防御洪水方案，编制黄河干流和重要支流、重要水工程的洪水调度方案，报国务院水行政主管部门批准并抄送国家防汛抗旱指挥机构和国务院应急管理部门，按照职责组织实施。

第六十五条规定：黄河防汛抗旱指挥机构负责指挥黄河流域防汛抗旱工作，其办事机构设在黄河流域管理机构，承担黄河防汛抗旱指挥机构的日常工作。

相关知识

◎ 国家防汛抗旱总指挥部简介

国家防汛抗旱总指挥部在中华人民共和国应急管理部设立办事机构（即国家防汛抗旱总指挥部办公室），承担总指挥部日常工作。

国家防汛抗旱总指挥部发展变化。最早成立于1950年6月7日，经中央人民政府政务院批准，正式成立中央防汛总指挥部，由政务院副总理董必武担任总指挥部主任。1971年，国务院、中央军委决定撤销中央防汛总指挥部，成立中央防汛抗旱指挥部。1985年，重新恢复中央防汛总指挥部，由国务院副总理李鹏担任总指挥。1988年，国务院和中央军委决定成立国家防汛总指挥部，由国务院副总理田纪云任总指挥。1992年，国家防汛总指挥部更名为国家防汛抗旱总指挥部，组成单位不变。

2018年，应急管理部成立，国家防汛抗旱指挥办公室由水利部移交至应急管理部。

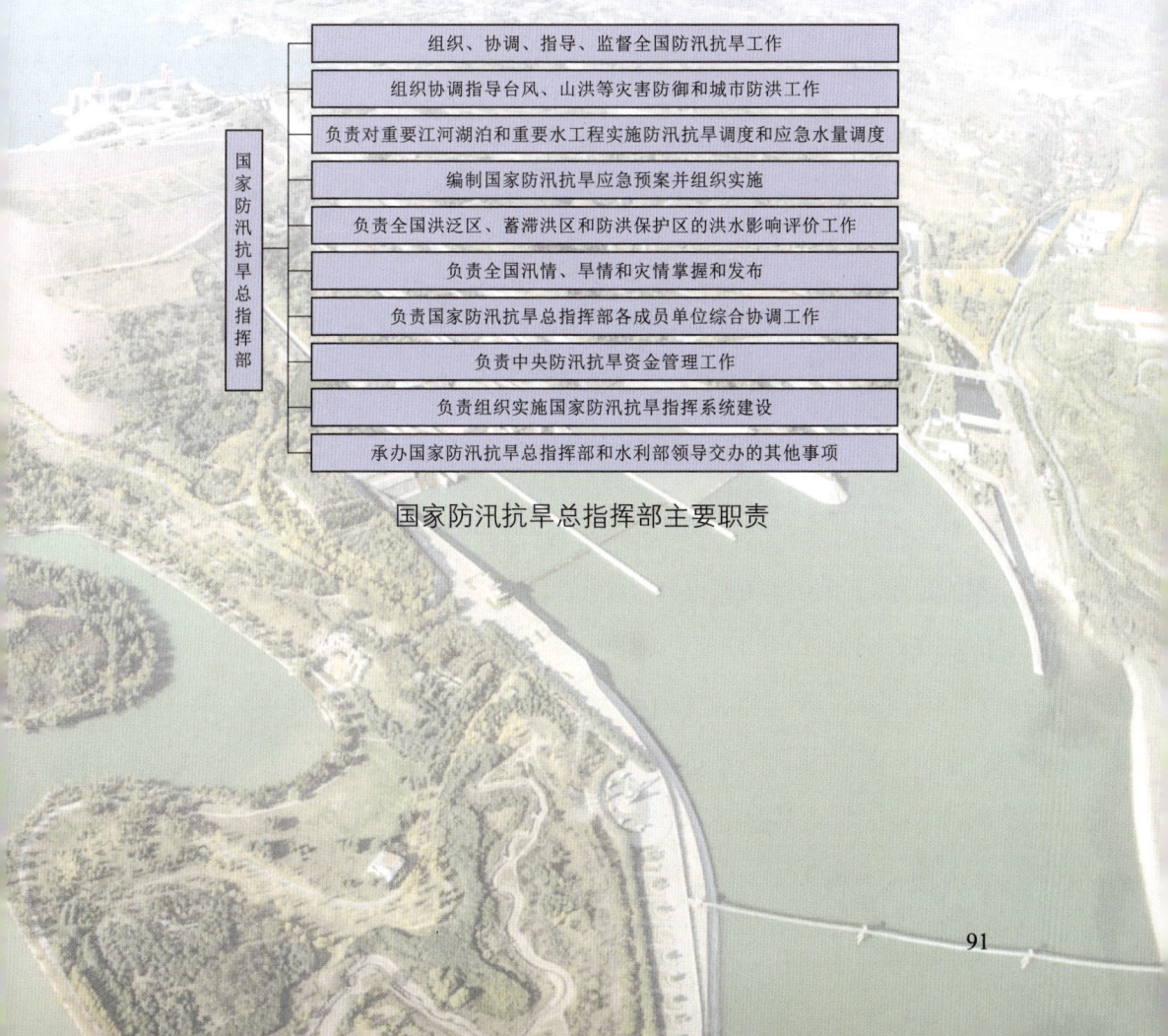

国家防汛抗旱总指挥部	组织、协调、指导、监督全国防汛抗旱工作
	组织协调指导台风、山洪等灾害防御和城市防洪工作
	负责对重要江河湖泊和重要水工程实施防汛抗旱调度和应急水量调度
	编制国家防汛抗旱应急预案并组织实施
	负责全国洪泛区、蓄滞洪区和防洪保护区的洪水影响评价工作
	负责全国汛情、旱情和灾情掌握和发布
	负责国家防汛抗旱总指挥部各成员单位综合协调工作
	负责中央防汛抗旱资金管理工作
	负责组织实施国家防汛抗旱指挥系统建设
	承办国家防汛抗旱总指挥部和水利部领导交办的其他事项

国家防汛抗旱总指挥部主要职责

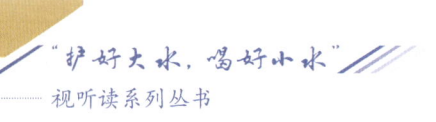

◎ 黄河流域城市设防等级

按照《防洪标准》(GB 50201—2014)和《城市防洪工程设计规范》(GB/T 50805—2012)分析，城市设防等级分别为：济南、郑州、西安、太原、兰州为Ⅰ等，西宁、银川、呼和浩特、包头、洛阳、开封为Ⅱ等，其他城市均为Ⅲ等。Ⅰ等设防城市的防洪标准，西安市为300年一遇，其他城市为200年一遇（指主城区），Ⅱ、Ⅲ等设防城市的防洪标准均为100年一遇。

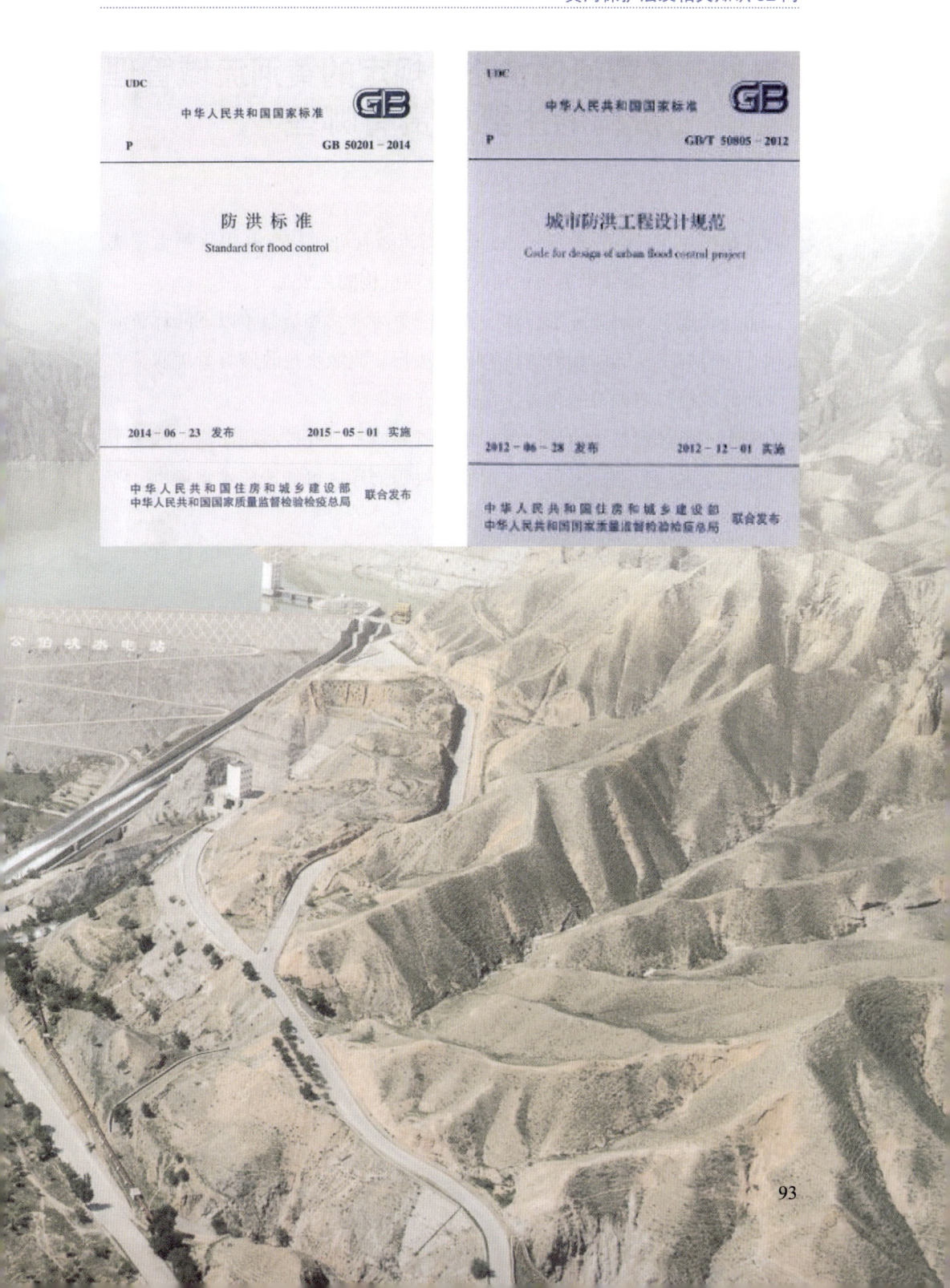

黄河保护法及相关知识 52 问

第28问 《黄河保护法》规定的黄河流域管理机构的主要职责有哪些？

《黄河保护法》共有25条涉及黄河流域管理机构，其中除第十章法律责任外，有17条明确提及黄河流域管理机构的主要职责。

第五条规定，国务院水行政主管部门黄河水利委员会（以下简称黄河流域管理机构）及其所属管理机构，依法行使流域水行政监督管理职责，为黄河流域统筹协调机制相关工作提供支撑保障。

第十三条规定，当出现严重干旱、省际或者重要控制断面流量降至预警流量、水库运行故障、重大水污染事故等情形，可能造成供水危机、黄河断流时，其应当组织实施应急调度。

第二十八条规定，其建立水资源、水沙、防洪防凌综合调度体系，实施黄河干支流控制性水工程统一调度，保障流域水安全。

第三十七条规定，其和省级人民政府水行政主管部门按照职责分工，组织编制和实施生态流量和生态水位保障实施方案。

第四十六条规定，其商黄河流域省级人民政府制定和调整黄河水量分配方案和跨省支流水量分配方案。

第五十条规定，黄河干流取水，以及跨省重要支流指定河段限额以上取水，由其负责审批取水申请。

第五十三条规定，相关部门和其核定取水单位的取水量，应当符合用水定额的要求。

第五十四条规定，严格限制从黄河流域向外流域扩大供水量，严格限制新增引黄灌溉用水量。因实施国家重大战略确需新增用水量的，应当严格进行水资源论证，并取得其批准的取水许可。

第六十一条规定，其应当加强防洪工程的运行管护，保障工程安全稳定运行。

第六十二条规定，其应当组织实施黄河干支流水库群统一调度，编制水沙调控方案，确定重点水库水沙调控运用指标、运用方式、调控起止时间，下达调度指令。

第六十三条规定，其和省级人民政府应当编制黄河干流和重要支流、重要水工程的洪水调度方案，按照职责组织实施。

第六十四条规定，其制定年度防凌调度方案，按照职责组织实施。

第六十六条规定，其和省级人民政府应当制定黄河滩区名录。

第六十七条规定，河道、湖泊管理范围由其和有关县级以上地方人民政府依法科学划定并公布。

第六十九条规定，其和县级以上地方人民政府依法划定河道采砂禁采区，规定禁采期，并向社会公布。

第一百零四条规定，各相关部门按照职责分工，对黄河流域各类生产生活、开发建设等活动进行监督检查，依法查处违法行为。

第一百零五条规定，各相关部门应当加强黄河保护监督管理能力建设，对跨行政区域、生态敏感区域以及重大违法案件，依法开展联合执法。

相关知识

◎ 黄河水利委员会简介

黄河水利委员会，全称水利部黄河水利委员会，副部级单位，为水利部派出的流域管理机构，代表水利部在黄河流域和新疆、青海、甘肃、内蒙古内陆河区域内（以下简称流域内）依法行使水行政管理职责，承担黄河防汛抗旱总指挥部办事机构职责。其前身是1946年2月晋冀鲁豫边区政府决定成立的冀鲁豫解放区治河委员会，后改名为冀鲁豫黄河水利委员会。

黄河水利委员会机构设置主要由委机关、直属事业单位、直属企业单位三部分组成，其中委机关包括办公室、规划计划局、政策法规局等17个内设机构；直属事业单位包括山东黄河河务局、河南黄河河务局、黄河上中游管理局、黑河流域管理局、水文局等15个直属事业单位；直属企业单位包括黄河勘测规划设计研究院有限公司、三门峡黄河明珠（集团）有限公司。

黄河水利委员会委机关下设：办公室、规划计划局、政策法规局（水政监察局）、水资源管理局、水资源节约与保护局、财务局、人事局、国际合作与科技局、建设与运行管理局、河湖管理局、水土保持局（农村水利水电局）、监督局、水旱灾害防御局、监督局、离退休干部局、机关党委

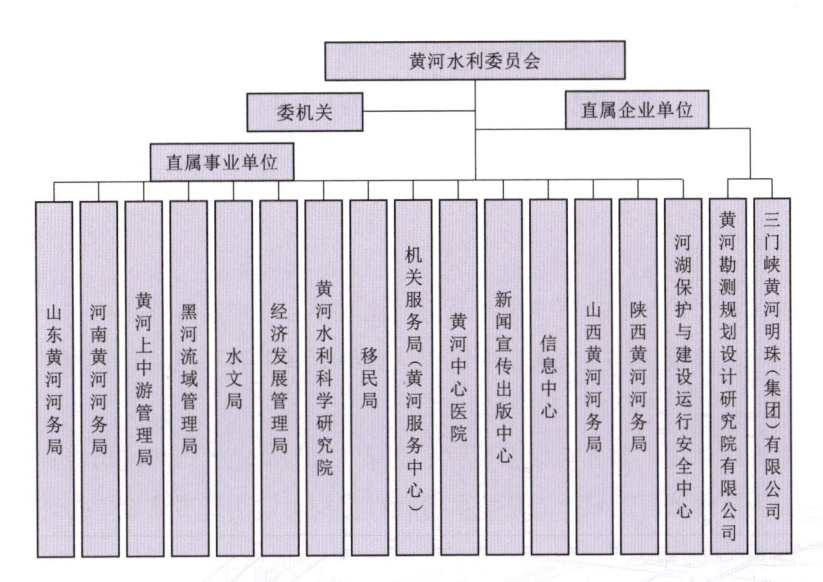

黄河保护法及相关知识 52 问

```
                    黄河水利委员会
                   /              \
              委机关                直属企业单位
             /      \                    |
        直属事业单位                      |
```

直属事业单位：
- 山东黄河河务局
- 河南黄河河务局
- 黄河上中游管理局
- 黑河流域管理局
- 水文局
- 经济发展管理局
- 黄河水利科学研究院
- 移民局
- 机关服务局（黄河服务中心）
- 黄河中心医院
- 新闻宣传出版中心
- 信息中心
- 山西黄河河务局
- 陕西黄河河务局
- 河湖保护与建设运行安全中心

直属企业单位：
- 黄河勘测规划设计研究院有限公司
- 三门峡黄河明珠（集团）有限公司

97

第 29 问 《黄河保护法》规定的黄河流域生态环境监督管理机构的主要职责有哪些？

《黄河保护法》共有 5 条涉及黄河流域生态环境监督管理机构，其中除第十章法律责任外，有 4 条明确提及黄河流域生态环境监督管理机构的主要职责。

第五条规定，国务院生态环境主管部门黄河流域生态环境监督管理机构（以下简称黄河流域生态环境监督管理机构）依法开展流域生态环境监督管理相关工作。

第七十六条规定，在黄河流域河道、湖泊新设、改设或者扩大排污口，应当报经有管辖权的生态环境主管部门或者黄河流域生态环境监督管理机构批准。

第一百零四条规定，各相关部门按照职责分工，对黄河流域各类生产生活、开发建设等活动进行监督检查，依法查处违法行为。

第一百零五条规定，各相关部门应当加强黄河保护监督管理能力建设，对跨行政区域、生态敏感区域以及重大违法案件，依法开展联合执法。

相关知识

◎ 黄河流域生态环境监督管理局简介

2018年，国务院机构改革后，水利部黄河水利委员会所管理的单列机构——黄河流域水资源保护局，逐步移交给生态环境部。而后生态环境部于2019年5月16日，挂牌成立黄河流域生态环境监督管理局。

黄河流域生态环境监督管理局，全称为生态环境部黄河流域生态环境监督管理局，正局级单位，驻地设在郑州市，为生态环境部派出流域管理机构。在所辖黄河入海断面以上流域和西北诸河（新疆、青海、甘肃、内蒙古跨省界流域、国际界河），依据法律、行政法规的规定和生态环境部的授权或委托，负责水资源、水生态、水环境方面的生态环境监管工作。

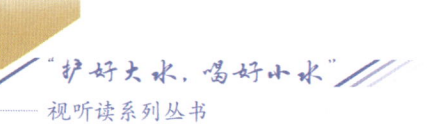

黄河流域生态环境监督管理局主要职责

（1）负责编制流域生态环境规划、水功能区划，参与编制生态保护补偿方案，并监督实施。

（2）提出流域水功能区纳污能力和限制排污总量方案建议。

（3）建立有跨省影响的重大规划、标准、环评文件审批、排污许可证核发会商机制，并组织监督管理。

（4）参与流域涉水规划环评文件和重大建设项目环评文件审查，承担规划环评、重大建设项目环评事中事后监管。

（5）指导流域内入河排污口设置，承办授权范围内入河排污口设置的审批和监督管理。

（6）指导协调流域饮用水水源地生态环境保护、水生态保护、地下水污染防治有关工作。

（7）组织开展河湖与岸线开发的生态环境监管、河湖生态流量水量监管，参与指导协调河湖长制实施、河湖水生态保护与修复。

（8）组织协调南水北调等重大工程项目区水质保障。

（9）组织开展流域生态环境监测、科学研究、信息化建设、信息发布等工作。

（10）组织拟订流域生态环境政策、法律、法规、标准、技术规范和突发生态环境事件应急预案等。

（11）承担流域生态环境执法、重要生态环境案件调查、重大水污染纠纷调处、重特大突发水污染事件应急处置的指导协调等工作。

（12）指导协调监督流域内生态环境保护工作，协助开展流域内中央生态环境保护督察工作。

（13）承担生态环境部交办的其他工作。

第30问 《黄河保护法》涉及河湖长制的条款有哪些？

《黄河保护法》有涉及河湖长制的条款，即黄河流域建立省际河湖长联席会议制度。各级河湖长负责河道、湖泊管理和保护相关工作。（第一章第六条）

《水污染防治法》和《长江保护法》中也有河湖长制的相关条款，但该法提出的"黄河流域建立省际河湖长联席会议制度"是首次提出来的。

《水污染防治法》第五条规定省、市、县、乡建立河长制，分级分段组织领导本行政区域内江河、湖泊的水资源保护、水域岸线管理、水污染防治、水环境治理等工作。

《长江保护法》第五条规定长江流域各级河湖长负责长江保护相关工作。

相关知识

◎ 水利部黄河水利委员会（以下简称"黄委"）河湖管理工作概况

黄委下设河湖管理局负责流域内省（自治区、直辖市）河湖长制工作的协调、指导和监督，承办流域内省级河湖长制联席会议办公室日常工作。河湖管理局以建设"造福人民的幸福河"为目标，以河湖长制为平台，以河湖"清四乱"为抓手，着力加强河湖岸线管控，切实维护河道采砂秩序，全力推进流域河湖管理保护工作，流域河湖面貌全面向好，流域水环境、水生态持续改善。

（1）河湖长制组织体系全面建立。流域九省（自治区）已全面建立省、市、县、乡、村五级河湖长组织体系，共设立河湖长 25.17 万名，巡（护）河员 27.87 万名。省级党委、政府主要负责同志担任双总河长，带头开展巡河查河，部署重点工作，研究解决重大问题，高位推动工作落实。河长办职能不断强化，巡（护）河员队伍持续壮大，建立日常管护长效机制。黄河流域河湖长制工作得到国务院、水利部充分肯定。

（2）联防联控联治机制不断完善。推动建立全国首个流域省级河湖长联席会议机制，与流域九省（自治区）签订《黄河流域河湖管理流域统筹与区域协调合作备忘录》，完善《黄河流域（片）省级河长办联席会议制度》，召开年度省级河长办联席会议，不断强化流域统筹与区域协调，深化流域河湖管理保护协作。指导流域各省（自治区）建立一系列联防联控联治机制，持续丰富河湖长制工作内涵，不断完善"河长+"部门联动机制，流域河湖管理保护合力初步形成并发挥作用。

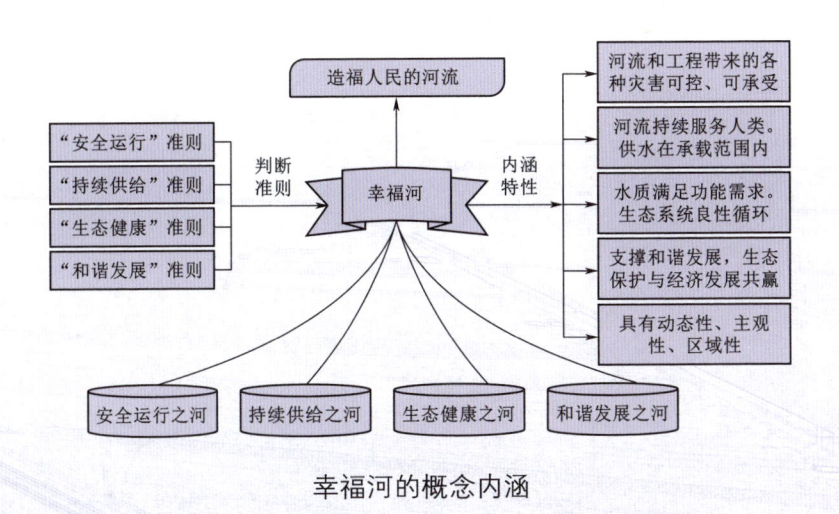

幸福河的概念内涵

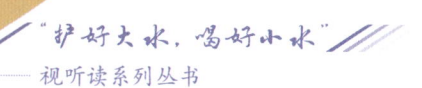

（3）河湖"清四乱"力度不断加大。黄委和流域省（自治区）组织开展"携手清四乱，保护母亲河"专项行动、黄河"清河行动"、"黄河岸线利用项目专项整治"行动、"春雷行动"、"雷霆行动"等，共清理整治各类河湖"四乱"问题6.38万个。青海贵德福运轮广场、水车广场、循化演艺舞台，甘肃兰州水上清真寺、兰州城区段27艘趸船、临夏州洮河别墅建筑群，宁夏中宁黄河宫、枸杞博物馆，内蒙古巴彦淖尔临河黄河国家湿地公园、鄂尔多斯奋山制砖厂，陕西府谷黄河弃渣、潼关风景区，山西保德违建住宅楼、文水非法采砂，河南郑州古柏渡蹦极塔、法莉兰童话王国、黄河下游滩区52个违建砖瓦窑厂，山东济南盖家沟母亲公园、济西湿地违规建筑等一大批矛盾尖锐、复杂难治的重大河湖"四乱"问题得到清理整治，流域河湖面貌明显改善，水生态水环境持续向好。

（4）河湖岸线空间管控持续加强。全面完成第一次全国水利普查名录内河湖划界任务，划界河流长度50万km、湖泊669个。《黄河流域重要河道岸线保护与利用规划》和《河道采砂管理规划》通过水利部批复，省（自治区）负责的106个重要河湖岸线规划全部完成。

（5）河道采砂管理秩序稳中向好。压紧压实河道采砂管理责任，明确了972个重点河道、敏感水域河道采砂管理四个责任人。强化采砂规划约束，积极构建河长挂帅、水利部门牵头、有关部门协同、社会监督的采砂管理联动机制，推行集约化、规模化、规范化统一开采。近年来，共查处非法采砂2285起，移交司法机关处理63起，追责问责63人，黄河流域河道采砂秩序稳中可控，持续向好。

第 31 问 《黄河保护法》涉及"禁止"的条款有哪些?

《黄河保护法》涉及"禁止"的条款分布在共计 4 个章的 13 个条款之中,共计 17 处,分别是:

禁止违反国家有关规定、未经国务院批准,占用永久基本农田。(第二章第二十五条第三款)

禁止擅自占用耕地进行非农业建设,严格控制耕地转为林地、草地、园地等其他农用地。(第二章第二十五条第三款)

禁止在黄河干支流岸线管控范围内新建、扩建化工园区和化工项目。(第二章第二十六条第二款)

禁止在黄河干流岸线和重要支流岸线的管控范围内新建、改建、扩建尾矿库;但是以提升安全水平、生态环境保护水平为目的的改建除外。(第二章第二十六条第二款)

禁止在黄河上游约古宗列曲、扎陵湖、鄂陵湖、玛多河湖群等河道、湖泊管理范围内从事采矿、采砂、渔猎等活动,维持河道、湖泊天然状态。(第三章第三十条第二款)

禁止在二十五度以上陡坡地开垦种植农作物。黄河流域省级人民政府根据本行政区域的实际情况,可以规定小于二十五度的禁止开垦坡度。禁止开垦的陡坡地范围由所在地县级人民政府划定并公布。(第三章第三十二条第二款)

禁止损坏、擅自占用淤地坝。(第三章第三十四条第三款)

禁止在黄河流域水土流失严重、生态脆弱区域开展可能造成水土流失

的生产建设活动。确因国家发展战略和国计民生需要建设的,应当进行科学论证,并依法办理审批手续。(第三章第三十五条第一款)

禁止侵占刁口河等黄河备用入海流路。(第三章第三十六条第三款)

禁止在黄河流域开放水域养殖、投放外来物种和其他非本地物种种质资源。(第三章第四十一条第二款)

国家实行黄河流域重点水域禁渔期制度,禁渔期内禁止在黄河流域重点水域从事天然渔业资源生产性捕捞,具体办法由国务院农业农村主管部门制定。黄河流域县级以上地方人民政府应当按照国家有关规定做好禁渔期渔民的生活保障工作禁止电鱼、毒鱼、炸鱼等破坏渔业资源和水域生态的捕捞行为。(第三章第四十二条第二款)

禁止电鱼、毒鱼、炸鱼等破坏渔业资源和水域生态的捕捞行为。(第三章第四十二条第三款)

禁止取用深层地下水用于农业灌溉。(第四章第五十五条第一款)

禁止在河道、湖泊管理范围内建设妨碍行洪的建筑物、构筑物以及从事影响河势稳定、危害河岸堤防安全和其他妨碍河道行洪的活动。(第五章第六十七条第一款)

禁止违法利用、占用河道、湖泊水域和岸线。(第五章第六十七条第一款)

禁止在黄河流域禁采区和禁采期从事河道采砂活动。(第五章第六十九条第二款)

在三门峡、小浪底、故县、陆浑、河口村水库库区养殖,应当满足水沙调控和防洪要求,禁止采用网箱、围网和拦河拉网方式养殖。(第五章第七十条第二款)

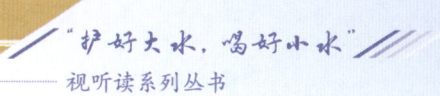

相关知识

◎ "清四乱"专项清理整治行动

为推动河湖长制工作取得实效，进一步加强河湖管理保护，维护河湖健康生命，水利部定于自 2018 年 7 月 20 日起，用 1 年时间，在全国范围内对乱占、乱采、乱堆、乱建等河湖管理保护突出问题开展专项清理整治行动（简称"清四乱"）。

水利部还印发了《关于明确全国河湖"清四乱"专项行动问题认定及清理整治标准的通知》，其问题认定标准内容如下：

（1）"乱占"问题。围垦湖泊；未依法经省级以上人民政府批准围垦河道；非法侵占水域、滩地；种植阻碍行洪的林木及高秆作物。

（2）"乱采"问题。未经许可在河道管理范围内采砂，不按许可要求采砂，在禁采区、禁采期采砂；未经批准在河道管理范围内取土。

（3）"乱堆"问题。河湖管理范围内乱扔乱堆垃圾；倾倒、填埋、贮存、堆放固体废物；弃置、堆放阻碍行洪的物体。

（4）"乱建"问题。水域岸线长期占而不用、多占少用、滥占滥用；未经许可和不按许可要求建设涉河项目；河道管理范围内修建阻碍行洪的建筑物、构筑物。

黄河保护法
17 个禁止行为

黄河保护法及相关知识 52 问

第32问 《黄河保护法》涉及"严格限制"和"严格控制"的条款有哪些？

《黄河保护法》涉及"严格限制"的条款分布在共计2个章的3个条款之中，分别是：

除生活用水等民生保障用水外，黄河流域水资源超载地区不得新增取水许可；水资源临界超载地区应当严格限制新增取水许可。（第四章第五十一条）

严格限制从黄河流域向外流域扩大供水量，严格限制新增引黄灌溉用水量。因实施国家重大战略确需新增用水量的，应当严格进行水资源论证，并取得黄河流域管理机构批准的取水许可。（第四章第五十四条）

黄河流域产业结构和布局应当与黄河流域生态系统和资源环境承载能力相适应。严格限制在黄河流域布局高耗水、高污染或者高耗能项目。（第七章第八十六条）

该法涉及"严格控制"的条款分布在共计4个章的4个条款之中，分别是：

禁止违反国家有关规定、未经国务院批准，占用永久基本农田。禁止擅自占用耕地进行非农业建设，严格控制耕地转为林地、草地、园地等其他农用地。

黄河流域县级以上地方人民政府应当严格控制黄河流域以人工湖、人工湿地等形式新建人造水景观，黄河流域统筹协调机制应当组织有关部门加强监督管理。（第二章第二十五条）

黄河流域管理机构应当会同黄河流域省级人民政府依据黄河流域防洪规划，制定黄河滩区名录，报国务院水行政主管部门批准。黄河流域省级人民政府应当有序安排滩区居民迁建，严格控制向滩区迁入常住人口，实

施滩区综合提升治理工程。（第五章第六十六条）

　　黄河流域水环境质量不达标的水功能区，除城乡污水集中处理设施等重要民生工程的排污口外，应当严格控制新设、改设或者扩大排污口。（第六章第七十六条）

　　国务院有关部门和黄河流域县级以上地方人民政府应当强化生态环境、水资源等约束和城镇开发边界管控，严格控制黄河流域上中游地区新建各类开发区，推进节水型城市、海绵城市建设，提升城市综合承载能力和公共服务能力。（第七章第八十四条）

相关知识

◎ 黄河水资源开发利用

新中国成立以来，黄河水资源开发利用有了长足进展。流域内建成蓄水工程 2 万余座、引水工程 1 万多处、提水工程 2 万多处，在黄河下游还兴建了向两岸海河、淮河平原地区供水的引黄涵闸和提水站百余座。这些工程为流域内 1 亿多亩农田灌溉面积、两岸 50 多座大中城市、420 个县（旗）城镇、晋陕宁蒙地区能源基地、中原和胜利油田提供了水源保障，解决了农村近 3000 万人的饮水困难，改善了部分地区的生态环境。同时，"引黄济青"为青岛市的经济发展创造了条件，"引黄济津"缓解了天津市严重缺水的局面。黄河向流域外供水约 90 亿 m^3。

"引黄济津"应急调水是党中央、国务院为应对天津严重缺水问题，保障社会稳定和经济社会可持续发展而采取的一项重大措施，自 1972 年首次实施以来，迄今已走过 50 年历程。通过实施应急调水，弥补了天津市用水不足，较好地缓解了用水紧张局面，为天津市经济社会的可持续发展做出了重大贡献，取得了良好的经济效益、社会效益和生态效益。

2006 年，首次实施"引黄济淀"（白洋淀）应急生态调水工程，输水距离 396km。位山闸从 2006 年 11 月 24 日开始引水，2007 年 2 月 28 日 17 时结束，历时 97 天，累计从黄河取水 4.79 亿 m^3（其中 2006 年 12 月 31 日以前引水 3.0 亿 m^3），截至 2 月 28 日零时，进入河北省 3.40 亿 m^3，白洋淀补水 0.949 亿 m^3，水位升高 0.88m。在位山闸关闭后，渠道内仍有部分蓄水注入白洋淀，白洋淀补水共约 1 亿 m^3，同时衡水湖、大浪淀分别补水约 0.65 亿 m^3 和 0.69 亿 m^3。

◎《建设项目水资源论证导则》（GB/T 35580—2017）

建设项目水资源论证制度的设立，始于 2002 年，由国家发展改革委和水利部联合颁布的《建设项目水资源论证管理办法》（简称 15 号令）。

建设项目水资源论证技术导则的起草编写，始于 2003 年前后。从出台水利部行标导则（试行），水利部行标，再到国家标准委国标，历经 12 年历程，集聚全国水资源论证从业工作者智慧和经验，来之不易。

2005 年之前主要依据 15 号令和《建设项目水资源论证培训教材》（试用版）开展建设项目水资源论证报告的编写。2010 年起，开始开展规划水资源论证试点工作。

第33问 《黄河保护法》涉及"不得"的条款有哪些？

《黄河保护法》涉及"不得"的条款分布在共计4个章的6个条款之中，分别是：

黄河流域工业、农业、畜牧业、林草业、能源、交通运输、旅游、自然资源开发等专项规划和开发区、新区规划等，涉及水资源开发利用的，应当进行规划水资源论证。未经论证或者经论证不符合水资源强制性约束控制指标的，规划审批机关不得批准该规划。（第二章第二十四条）

黄河流域县级以上行政区域的地表水取用水总量不得超过水量分配方案确定的控制指标，并符合生态流量和生态水位的管控指标要求；地下水取水总量不得超过本行政区域地下水取水总量控制指标，并符合地下水水位控制指标要求。（第四章第四十九条）

除生活用水等民生保障用水外，黄河流域水资源超载地区不得新增取水许可；水资源临界超载地区应当严格限制新增取水许可。（第四章第五十一条）

在黄河滩区内，不得新规划城镇建设用地、设立新的村镇，已经规划和设立的，不得扩大范围；不得新划定永久基本农田，已经划定为永久基本农田、影响防洪安全的，应当逐步退出；不得新开垦荒地、新建生产堤，已建生产堤影响防洪安全的应当及时拆除，其他生产堤应当逐步拆除。（第五章第六十六条）

建设跨河、穿河、穿堤、临河的工程设施，应当符合防洪标准等要求，不得威胁堤防安全、影响河势稳定、擅自改变水域和滩地用途、降低行洪和调蓄能力、缩小水域面积；确实无法避免降低行洪和调蓄能力、缩小水域面积的，应当同时建设等效替代工程或者采取其他功能补救措施。（第五章第六十七条）

黄河流域县级以上地方人民政府应当加强油气开采区等地下水污染防治监督管理。在黄河流域开发煤层气、致密气等非常规天然气的，应当对其产生的压裂液、采出水进行处理处置，不得污染土壤和地下水。（第六章第七十八条）

相关知识

◎ 黄河流域水资源超载地区

2020年，水利部印发《关于黄河流域水资源超载地区暂停新增取水许可的通知》，明确以下地区为黄河流域水资源超载地区：

（1）地表水超载地区。

甘肃省：白银市（黄河干流超载）。

宁夏回族自治区：中卫市（黄河干流超载）。

内蒙古自治区：包头市、乌海市、阿拉善盟、巴彦淖尔市（黄河干流超载）。

山西省：临汾市（汾河超载）。

河南省：焦作市、济源市（沁河超载）。

山东省：东营市、德州市、滨州市（黄河干流超载），泰安市（大汶河超载）。

在以上地表水超载地市中，相关省（自治区）省级水行政主管部门可

《关于黄河流域水资源超载地区暂停新增取水许可的通知》政策解读

会同相关地市人民政府，根据黄河耗水指标进一步细化分解到县级行政区的情况和近年来实际耗水情况，提出地表水超载的县级行政区并报水利部，水利部组织复核后明确以县为单元的地表水超载地区。

（2）地下水超载地区。

黄河流域共有62个县级行政区地下水超载。按不同类型划分，浅层地下水超采的有42个县级行政区，深层承压水超采的有5个县级行政区，山丘区地下水过度开采的有22个县级行政区，同时存在2种类型的有7个县级行政区。[《关于黄河流域水资源超载地区暂停新增取水许可的通知》（水资管〔2020〕280号）]

第34问 《黄河保护法》涉及"制度"的条款有哪些？

《黄河保护法》共有10个条款涉及"制度"的具体内容。

第六条规定，黄河流域建立省际河湖长联席会议制度。

第八条规定，国家在黄河流域实行水资源刚性约束制度。

第三十四条规定，国务院有关部门应当制定淤地坝建设、养护标准或者技术规范，健全淤地坝建设、管理、安全运行制度。

第四十二条规定，国家实行黄河流域重点水域禁渔期制度。

第五十二条规定，国家在黄河流域实行强制性用水定额管理制度。

第五十四条规定，国家在黄河流域实行高耗水产业准入负面清单和淘汰类高耗水产业目录制度。

第六十二条规定，国家实行黄河流域水沙统一调度制度。

第六十九条规定，国家实行黄河流域河道采砂规划和许可制度。

第一百零二条规定，国家建立健全黄河流域生态保护补偿制度。

第一百零三条规定，国家实行黄河流域生态保护和高质量发展责任制和考核评价制度。

相关知识

◎ 制度的科普

关于"制度"有两种解释，包括狭义上的和广义上的制度。

狭义上的制度是指一个系统或单位制定的要求下属全体成员共同遵守的办事规程或行动准则，如工作制度、财务制度、作息制度、教学制度等。

广义上的制度是指在一定条件下形成的政治、经济、文化等方面的体系就是制度（或叫体制），如政治制度、经济制度、社会主义制度、资本主义制度，等等。

在我国，"制度"一词最早出自于《周易·节》："天地节而四时成。节以制度，不伤财，不害民。"意为天地有节度、规律然后春、夏、秋、冬四季才会自然生成。用制度、规则来约束自己的行为，才能不影响生财，不损害百姓。《周易·节》中的"制度"更倾向于狭义的"制度"，即"规矩"的意思。

制度具有以下功能：

（1）制度具有社会协调和整合的作用，能够规范社会行为，维持社会秩序。

（2）制度具有界定权力边界和行为空间的作用，能够界定权力使用的范围，和实施行为的边界。

（3）制度具有促进经济效率和资源配置的作用，良好的制度，能够维持社会生产的问题，为社会生产的资源分配提供稳定的保障。

（4）制度能够提供物质资源和精神价值的保障，物质资源包括生命安全、财产安全等，精神价值包括自由、平等、民主、权利、尊严等个人价值和社会价值。

◎ 黄河流域河道采砂制度

《中华人民共和国水法》第三十九条规定：国家实行河道采砂许可制度。河道采砂许可制度实施办法，由国务院规定。《中华人民共和国河道管理条例》第二十五条规定：在河道管理范围内采砂、取土、淘金、弃置砂石或者淤泥，必须报经河道主管机关批准；涉及其他部门的，由河道主管机关会同有关部门批准。

2013年，黄委印发《黄河下游河道采砂管理办法（试行）》。2019年，水利部印发《关于河道采砂管理工作的指导意见》。2020年，水利部印发《水利部流域管理机构直管河段采砂管理办法》，指出流域管理机构负责直管河段的采砂管理。流域管理机构直管河段名录按照《水利部关于流域管理机构决定〈防洪法〉规定的行政处罚和行政措施权限的通知》（水政

水利部关于印发《水利部流域管理机构直管河段采砂管理办法》的通知

法〔1999〕231号）执行。

　　流域管理机构直管河段采砂规划由流域管理机构组织编制。2020年下半年，黄河首个流域性采砂规划——《黄河流域重要河段河道采砂管理规划(2020—2025年)》正式印发实施。河道采砂规划是实施河道采砂许可的依据，是河道采砂科学管理的基础。该规划通过研究黄河河道演变规律、演变趋势，根据河道水文泥沙特性、泥沙输移和补给规律，统筹黄河治理保护和区域经济社会发展实际，科学划定禁采区、可采区和保留区，规定禁采期，明确黄河河道采砂的控制性条件，提出了规划实施与管理要求，为黄河流域重要河段河道采砂管理提供重要依据。

◎ 河道采砂批准程序

　　在河道内采砂的单位或个人向河道主管部门提出河道采砂申请，说明采砂范围和作业方式，经河道主管部门审批同意后，发放河道采砂许可证。河道采砂要交纳河道采砂管理费，用于河道与堤防工程的维修养护、工程设施的更新改造及管理单位的管理费。

第35问 《黄河保护法》涉及"规划"的条款有哪些？

《黄河保护法》共有11个条款涉及"规划"的具体内容，另有10条提及"规划"。

第二十条规定，国家建立以国家发展规划为统领，以空间规划为基础，以专项规划、区域规划为支撑的黄河流域规划体系。

第二十一条规定，国务院有关部门应当编制黄河流域生态保护和高质量发展规划。

第二十二条规定，国务院有关部门应当组织编制黄河流域国土空间规划，县级以上地方人民政府组织编制本行政区域的国土空间规划。

第二十三条规定，国务院有关部门和省级人民政府应当依法编制黄河流域综合规划、水资源规划、防洪规划等。

第二十四条规定，国民经济和社会发展规划、国土空间总体规划的编制以及重大产业政策的制定，应当与黄河流域水资源条件和防洪要求相适应。

第二十九条规定，国务院有关部门应当编制黄河流域国土空间生态修复规划。

第三十六条规定，国务院有关部门和山东省人民政府应当编制并实施黄河入海河口整治规划。

第五十八条规定，科学论证、规划和建设跨流域调水和重大水源工程，加快构建国家水网，优化水资源配置，提高水资源承载能力。

第六十九条规定，国家实行黄河流域河道采砂规划和许可制度。

第八十五条规定，国务院有关部门和县级以上地方人民政府应当科学规划乡村布局，统筹生态保护与乡村发展。

第九十一条规定，国务院有关部门应当编制并实施黄河文化保护传承弘扬规划。

相关知识

◎ 黄河流域的规划（部分）

《黄河流域重要河段河道采砂管理规划（2020—2025年）》
《黄河流域生态保护和高质量发展规划纲要》（2021年）
《甘肃省黄河流域生态保护和高质量发展规划》（2021年）
《陕西省黄河流域生态保护和高质量发展规划》（2021年）
《山东省黄河流域生态保护和高质量发展水利专项规划》（山东省水利厅、山东省发展改革委、山东黄河河务局，2021年）
《黄河流域生态保护和高质量发展水安全保障规划》（2021年）

黄河流域生态保护和高质量发展规划纲要

《黄河流域生态环境保护规划》（2022 年）
《黄河青海流域生态保护和高质量发展规划》（2022 年）
《四川省黄河流域生态保护和高质量发展规划》（2022 年）
《支持宁夏建设黄河流域生态保护和高质量发展先行区实施方案》（国家发展改革委，2022 年）
《内蒙古自治区黄河流域生态保护和高质量发展规划》（2022 年）
《山西省黄河流域生态保护和高质量发展规划》（2022 年）
《河南省黄河流域生态保护和高质量发展规划》（2022 年）
《山东省黄河流域生态保护和高质量发展规划》（2022 年）
《河南省"十四五"黄河流域生态保护和高质量发展实施方案》（2022 年）
《山西省黄河流域生态保护和高质量发展科技专项规划》（山西省科技厅，2022 年）
《科技支撑四川省黄河流域生态保护和高质量发展行动方案》（四川省科技厅、自然资源厅、生态环境厅、住房城乡建设厅、水利厅、省林草局等部门联合出台，2022 年）

```
┌─────────────────────────────────┐
│ 黄河流域生态保护和高质量发展     │
│         重大国家战略             │
└─────────────────────────────────┘
        │                    │
    ┌───┴───┐            ┌───┴───┐
    │提出背景│            │水利需求│
    └───────┘            └───────┘
```

提出背景：
- 水资源保障形势严峻 —— 洪涝灾害、河道断流、供水安全难以保障
- 水问题日益突出 —— 难以满足小康社会建设和人民对美好生活的要求
- 新时代中国特色水利的历史使命 —— 支撑经济社会高质量发展和传承中华水文化
- 黄河治理难度大 —— 要从国家层面设计，多部门通力协作

水利需求：
- 保护生态环境 —— 生态输水工程、河流湖泊修复、生态水利工程
- 防御洪涝灾害 —— 水文预报预警、防洪排涝工程、水利工程安全与防护
- 节约集约用水 —— 水库调度、节水灌溉工程、水资源优化配置、水资源高效利用
- 保障高质量发展 —— 水资源开发利用、水利基础设施建设、供水安全保障
- 水文化建设 —— 水文化宣传教育、水文化交流平台搭建、黄河水文化引领

水利专项规划

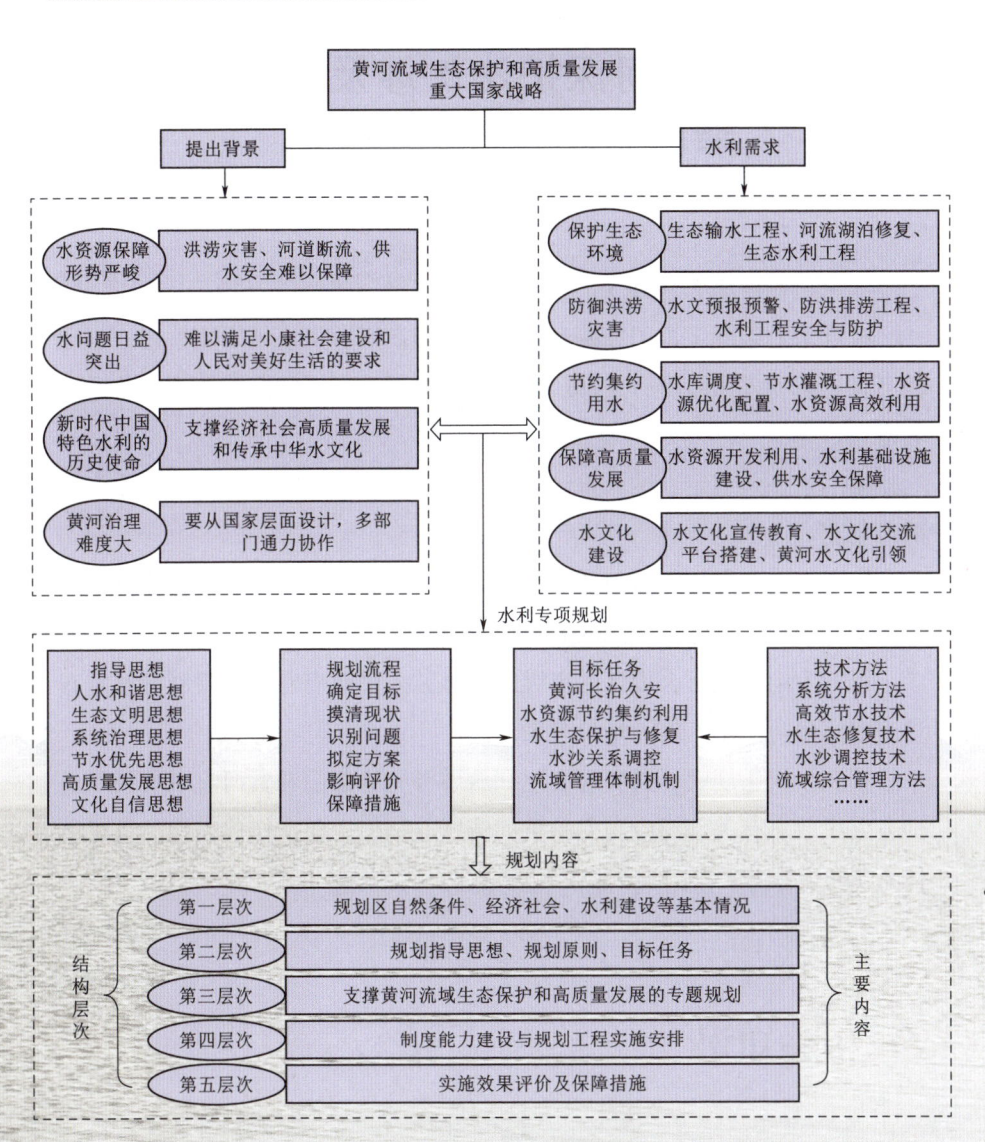

指导思想	规划流程	目标任务	技术方法
人水和谐思想	确定目标	黄河长治久安	系统分析方法
生态文明思想	摸清现状	水资源节约集约利用	高效节水技术
系统治理思想	识别问题	水生态保护与修复	水生态修复技术
节水优先思想	拟定方案	水沙关系调控	水沙调控技术
高质量发展思想	影响评价	流域管理体制机制	流域综合管理方法
文化自信思想	保障措施		……

规划内容

结构层次 / 主要内容：
- 第一层次：规划区自然条件、经济社会、水利建设等基本情况
- 第二层次：规划指导思想、规划原则、目标任务
- 第三层次：支撑黄河流域生态保护和高质量发展的专题规划
- 第四层次：制度能力建设与规划工程实施安排
- 第五层次：实施效果评价及保障措施

黄河流域生态保护和高质量发展水利专项规划图

第36问 《黄河保护法》涉及"名录"的条款有哪些？

《黄河保护法》共有5个条款涉及"名录"的具体内容。

第五十七条规定，国务院有关部门应当制定黄河流域重要饮用水水源地名录。省级人民政府有关部门应当制定本行政区域的其他饮用水水源地名录。

第六十一条规定，纳入水沙调控体系的工程名录由国务院水行政主管部门制定。

第六十六条规定，黄河流域管理机构应当会同省级人民政府依据黄河流域防洪规划，制定黄河滩区名录。

第七十七条规定，设区的市级以上地方人民政府有关部门制定并发布地下水污染防治重点排污单位名录。

第九十四条规定，国务院文化和旅游等主管部门和黄河流域县级以上地方人民政府有关部门应当完善黄河流域非物质文化遗产代表性项目名录体系。

相关知识

◎ 国家级非物质文化遗产代表性项目名录

国家级非物质文化遗产代表性项目名录是由文化和旅游部确定、经中华人民共和国国务院批准并公布的非物质文化遗产名录。2014年，按照

《中华人民共和国非物质文化遗产法》的表述，国务院将"国家级非物质文化遗产名录"名称调整为"国家级非物质文化遗产代表性项目名录"。国家级非物质文化遗产代表性项目名录，将体现中华民族优秀传统文化，具有重大历史、文学、艺术、科学价值的非物质文化遗产项目列入名录予以保护，主要分为十大门类：民间文学，传统音乐，传统舞蹈，传统戏剧，曲艺，传统体育、游艺与杂技，传统美术，传统技艺，传统医药，民俗。每个代表性项目都有一个专属的项目编号。

截至 2022 年 8 月，国务院已公布五批共 1557 项国家级非物质文化遗产代表性项目，如耳熟能详的孟姜女传说、中山咸水歌、狮舞、豫剧等都属于国家级非物质文化遗产代表性项目。

◎ 国家重点保护野生动物名录

国家重点保护野生动物名录最初由林业部和农业部于 1989 年 1 月 14 日发布，将野生动物的保护级别分为一级和二级。截至 2021 年 2 月 5 日，《国家重点保护野生动物名录》共列入野生动物 980 种和 8 类，其中国家一级保护野生动物 234 种和 1 类、国家二级保护野生动物 746 种和 7 类。

在管理体制上，上述物种中 686 种按陆生野生动物由林草部门管理，294 种和 8 类按水生野生动物由渔业部门管理。

第 37 问 《黄河保护法》涉及"许可"的条款有哪些？

《黄河保护法》共有 5 个条款涉及"许可"的具体内容。另外，在第十章法律责任中有 5 个条款提到"许可"。

第二十五条规定，黄河流域国土空间开发利用活动应当符合国土空间用途管制要求，并依法取得规划许可。

第五十条规定，在黄河流域取用水资源，应当依法取得取水许可。

第五十一条规定，除生活用水等民生保障用水外，黄河流域水资源超载地区不得新增取水许可；水资源临界超载地区应当严格限制新增取水许可。

第五十四条规定，严格限制从黄河流域向外流域扩大供水量，严格限制新增引黄灌溉用水量。因实施国家重大战略确需新增用水量的，应当严格进行水资源论证，并取得黄河流域管理机构批准的取水许可。

第六十九条规定，黄河流域河道采砂应当依法取得采砂许可。

在第十章法律责任中有 5 个条款提到 2 个"许可"，即行政许可、取水许可。

相关知识

◎ 行政许可

行政许可是指在法律一般禁止的情况下，行政主体根据行政相对方的申请，通过颁发许可证或执照等形式，依法赋予特定的行政相对方从事某种活动或实施某种行为的权利或资格的行政行为。行政许可包含三层含义：一是存在法律一般禁止；二是行政主体对相对人予以一般禁止的解

取水许可和水资源费征收管理条例（2006年发布，2017年修正）

除；三是行政相对方因此获得了从事某种活动或实施某种行为的资格或权利。行政许可具有协调作用、保护作用、调控作用、促进文化建设作用、推动对外贸易发展作用。

◎ 取水许可制度

取水许可制度是指在国家境内直接从江河、湖泊或地下水取水的单位和个人应遵守的一项制度。《中华人民共和国水法》规定："国家对直接从地下或者江河、湖泊取水的，实行取水许可制度。"取水许可制度是体现国家对水资源实施权属统一管理的一项重要制度，是水资源管理的核心，贯穿于水资源调查、评价、规划、开发、利用、保护和监测的全过程，有利于实现水资源良性循环状态下的合理开发、高效利用、有效保护、强化管理。已被世界上许多国家普遍使用。

2006年，国务院令第460号公布《取水许可和水资源费征收管理条例》，根据2017年3月1日《国务院关于修改和废止部分行政法规的决定》修正。该条例共计7章58条。7章内容分别是总则、取水的申请和受理、取水许可的审查和决定、水资源费的征收和使用管理、监督管理、法律责任和附则。

2008年，水利部令第34号发布《取水许可管理办法》，根据2017年12月22日《水利部关于废止和修改部分规章的决定》第二次修正。该办法共计7章50条。其中，第三条水利部负责全国取水许可制度的组织实施和监督管理。水利部所属流域管理机构，依照法律法规和水利部规定的管理权限，负责所管辖范围内取水许可制度的组织实施和监督管理。

第38问 《黄河保护法》涉及"清单"的条款有哪些？

《黄河保护法》共有3个条款涉及"清单"的具体内容。

第二十六条规定，黄河流域省级人民政府制定生态环境分区管控方案和生态环境准入清单。

第五十四条规定，国家在黄河流域实行高耗水产业准入负面清单和淘汰类高耗水产业目录制度。列入高耗水产业准入负面清单和淘汰类高耗水产业目录的建设项目，取水申请不予批准。

第一百零九条规定，违反生态环境准入清单规定进行生产建设活动的，应受到相应处罚。

相关知识

◎ 市场准入负面清单

实行市场准入负面清单制度，是党中央、国务院作出的重大决策部署，是加快完善社会主义市场经济体制的重要制度安排。经党中央、国务院批准，《市场准入负面清单（2022年版）》由国家发展改革委、商务部联合发布。

市场准入负面清单分为禁止和许可两类事项。对禁止准入事项，市场主体不得进入，行政机关不予审批、核准，不得办理有关手续；对许可准入事项，包括有关资格的要求和程序、技术标准和许可要求等，或由市场主体提出申请，行政机关依法依规作出是否予以准入的决定，或由市场主体依照政府规定的准入条件和准入方式合规进入；对市场准入负面清单以外的行业、领域、业务等，各类市场主体皆可依法平等进入。

《市场准入负面清单（2022年版）》列有禁止准入事项6项，许可准入事项111项，共计117项，涉及水利管理业等方面。

◎ 生态环境准入清单

生态环境准入清单，是将生态环境保护红线、环境质量底线和资源利用上限的环境管控要求以清单的方式落实到各个环境管控单元，在不同的环境管控单元有各自的环境管控要求，最终形成生态环境分区管控体系。

生态环境管控清单制度是在生态环境领域的一项重要制度创新，以绿色发展的理念，有效平衡经济发展与生态环境保护的关系，为实现高质量发展提供了重要保障。

◎ 高耗水产业准入负面清单

高耗水产业准入负面清单，是以清单方式明确列出禁止和限制的高耗水产业。实现高耗水产业准入清单制度，能够有效限制水资源开发利用，修复水生态环境，同时以政策倒逼的方式促进经济结构转型，促进实现高质量发展。

关于《市场准入负面清单（2022年版）》有关情况的说明

第39问 《黄河保护法》涉及"节水"和"水资源节约集约利用"的条款有哪些？

《黄河保护法》共有15个条款涉及"节水"的具体内容。

第一条规定，为了加强黄河流域生态环境保护，保障黄河安澜，推进水资源节约集约利用，推动高质量发展，保护传承弘扬黄河文化，实现人与自然和谐共生、中华民族永续发展，制定本法。

第三条规定，黄河流域生态保护和高质量发展，要贯彻节水为重的原则。

第七条规定，国务院水行政、生态环境、自然资源、住房和城乡建设、农业农村、发展改革、应急管理、林业和草原、文化和旅游、标准化等主管部门按照职责分工，建立健全黄河流域水资源节约集约利用、水沙调控、防汛抗旱、水土保持、水文、水环境质量和污染物排放、生态保护与修复、自然资源调查监测评价、生物多样性保护、文化遗产保护等标准体系。

第九条规定，国家在黄河流域强化农业节水增效、工业节水减排和城镇节水降损措施，鼓励、推广使用先进节水技术，加快形成节水型生产、生活方式，有效实现水资源节约集约利用，推进节水型社会建设。

第十六条规定，国家鼓励、支持开展黄河流域生态保护与修复、水资源节约集约利用、水沙运动与调控、防沙治沙、泥沙综合利用、河流动力与河床演变、水土保持、水文、气候、污染防治等方面的重大科技问题研究。

第四十五条规定，黄河流域水资源利用，应当坚持节水优先、统筹兼顾、集约使用、精打细算。

第四十六条规定，国家对黄河水量实行统一配置。制定和调整黄河水量分配方案，应当充分考虑黄河流域水资源条件、生态环境状况、区域用水状况、节水水平、洪水资源化利用等。

第四十九条规定，黄河流域县级以上地方人民政府应当根据本行政区域取用水总量控制指标，统筹考虑经济社会发展用水需求、节水标准和产业政策，制定本行政区域农业、工业、生活及河道外生态等用水量控制指标。

第五十一条规定，水资源超载地区县级以上地方人民政府应当制定水资源超载治理方案，采取产业结构调整、强化节水等措施，实施综合治理。

第五十二条规定，超过强制性用水定额的用水单位，应当限期实施节水技术改造。

第五十五条规定，应当组织发展高效节水农业，优先使用国家鼓励的节水工艺、技术和装备，组织推广应用先进适用的节水工艺、技术、装备、产品和材料，推广普及节水型器具，开展公共机构节水技术改造，加强节水宣传教育和科学普及，提高公众节水意识。

第五十六条规定，国家在黄河流域对节水潜力大、使用面广的用水产品实行水效标识管理，限期淘汰水效等级较低的用水产品，培育合同节水等节水市场。

第八十四条规定，推进节水型城市、海绵城市建设，提升城市综合承载能力和公共服务能力。

第一百零一条规定，国家实行有利于节水、节能、生态环境保护和资源综合利用的税收政策。

第一百一十四条规定，黄河流域以及黄河流经省、自治区其他黄河供水区相关县级行政区域的用水单位用水超过强制性用水定额，未按照规定期限实施节水技术改造的，由县级以上地方人民政府水行政主管部门或者黄河流域管理机构及其所属管理机构责令限期整改，可以处十万元以下罚款；情节严重的，处十万元以上五十万元以下罚款，吊销取水许可证。

相关知识

◎ 什么是节水？

节约用水，又称节水。是指通过行政、技术、经济等管理手段加强用水管理，调整用水结构，改进用水方式，科学、合理、有计划、有重点地用水，提高水资源的利用率，避免水资源的浪费。

◎ 节水的作用

节约用水能够减少用水量，实现水资源的可持续利用，达到节能减排的目的，节省相关污水处理负担，增强对干旱灾害的预防能力，带来明显的生态环境效益，提高水环境承载力，维护河流生态平衡。

钢铁工业	氢气球	农业	林业
造纸			牧业
人造纤维	人的活动		渔业

◎ 生活节水小技巧

（1）洗蔬菜时不要一直开大水龙头，可以先在水槽中洗干净再用水冲洗一遍。

（2）种植抗干旱的草或树木，并在树木或植物周围培一层护根的土，以减少水分蒸发。

（3）洗衣机清洗衣物宜集中；少量衣物宜用手洗；适量使用洗涤剂，减少漂洗水量；收集利用洗衣水；不要用长流水冲洗衣物。

（4）采用节水型用水器具。

（5）清水淘米后，淘米水可以用来浇花。

（6）收集空调机滴下来的冷凝水冲厕。

（7）卫生间马桶水箱中放入一盛水塑料瓶，每次用水可节约500mL水。

（8）刷牙、取洗手液、抹肥皂时要及时关掉水龙头。

（9）自行车、家用小轿车清洁时，不用水冲，改用湿布擦，太脏的地方，也宜用洗衣物过后的余水冲洗。

（10）养成有意拧小出水龙头的习惯。

◎ 水效标识及管理

水效标识，是指采用企业自我声明和信息备案的方式，表示用水产品水效等级等性能的一种符合性标志。

国家对节水潜力大、使用面广的用水产品实行水效标识制度，国家发展改革委、水利部、国家质量监督检验检疫总局（以下简称"国家质检总局"）按照部门职责分工，负责水效标识制度的建立并组织实施。国家发展改革委、水利部、国家质检总局和国家认证认可监督管理委员会制定并公布《中华人民共和国实施水效标识的产品目录》，确定适用的产品范围和依据的水效标准。

2017年，由国家发展改革委、水利部和国家质检总局联合组织制定的《水效标识管理办法》正式发布，标志着我国水效标识制度将正式实施。这也是继我国能效标识制度实施12年之后，开始对用水产品实施水效标识管理。该办法共5章33条，包括总则、水效标识的实施、监督管理、罚则和附则等内容，分别从水效标识的制度体系构建到具体的实施、监管、处罚措施和其他事项进行了详细的规定。

黄河保护法及相关知识 52 问

第40问 《黄河保护法》涉及"标准"的条款有哪些？

《黄河保护法》涉及"标准"的条款分布在共计7个章的13个条款之中，分别是：国务院水行政、生态环境、自然资源、住房和城乡建设、农业农村、发展改革、应急管理、林业和草原、文化和旅游、标准化等主管部门按照职责分工，建立健全黄河流域水资源节约集约利用、水沙调控、防汛抗旱、水土保持、水文、水环境质量和污染物排放、生态保护与修复、自然资源调查监测评价、生物多样性保护、文化遗产保护等标准体系。（第一章第七条）

国务院水行政主管部门应当会同国务院有关部门制定淤地坝建设、养护标准或者技术规范，健全淤地坝建设、管理、安全运行制度。（第三章第三十四条）

从事生产建设活动造成水土流失的，应当按照国家规定的水土流失防治相关标准进行治理。（第三章第三十五条）

黄河流域水生生物完整性指数应当与黄河流域水环境质量标准相衔接。（第三章第四十条）

黄河流域县级以上地方人民政府应当根据本行政区域取用水总量控制指标，统筹考虑经济社会发展用水需求、节水标准和产业政策，制定本行政区域农业、工业、生活及河道外生态等用水量控制指标。（第四章第四十九条）

黄河干流取水，以及跨省重要支流指定河段限额以上取水，由黄河流域管理机构负责审批取水申请，审批时应当研究取水口所在地的省级人民政府水行政主管部门的意见；其他取水由黄河流域县级以上地方人民政府

水行政主管部门负责审批取水申请。指定河段和限额标准由国务院水行政主管部门确定公布、适时调整。（第四章第五十条）

国家在黄河流域实行强制性用水定额管理制度。国务院水行政、标准化主管部门应当会同国务院发展改革部门组织制定黄河流域高耗水工业和服务业强制性用水定额。黄河流域省级人民政府按照深度节水控水要求，可以制定严于国家用水定额的地方用水定额；国家用水定额未作规定的，可以补充制定地方用水定额。黄河流域以及黄河流经省、自治区其他黄河供水区相关县级行政区域的用水单位，应当严格执行强制性用水定额；超过强制性用水定额的，应当限期实施节水技术改造。（第四章第五十二条）

黄河流域以及黄河流经省、自治区其他黄河供水区相关县级行政区域取水量达到取水规模以上的单位，应当安装合格的在线计量设施，保证设施正常运行，并将计量数据传输至有管理权限的水行政主管部门或者黄河流域管理机构。取水规模标准由国务院水行政主管部门制定。（第四章第五十三条）

建设跨河、穿河、穿堤、临河的工程设施，应当符合防洪标准等要求，不得威胁堤防安全、影响河势稳定、擅自改变水域和滩地用途、降低行洪和调蓄能力、缩小水域面积；确实无法避免降低行洪和调蓄能力、缩小水域面积的，应当同时建设等效替代工程或者采取其他功能补救措施。（第五章第六十七条）

国务院生态环境主管部门制定黄河流域水环境质量标准，对国家水环境质量标准中未作规定的项目，可以作出补充规定；对国家水环境质量标

139

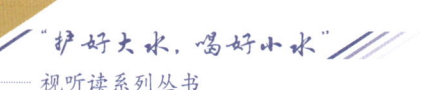

准中已经规定的项目，可以作出更加严格的规定。制定黄河流域水环境质量标准应当征求国务院有关部门和有关省级人民政府的意见。

黄河流域省级人民政府可以制定严于黄河流域水环境质量标准的地方水环境质量标准，报国务院生态环境主管部门备案。（第六章第七十三条）

对没有国家水污染物排放标准的特色产业、特有污染物，以及国家有明确要求的特定水污染源或者水污染物，黄河流域省级人民政府应当补充制定地方水污染物排放标准，报国务院生态环境主管部门备案。

有下列情形之一的，黄河流域省级人民政府应当制定严于国家水污染物排放标准的地方水污染物排放标准，报国务院生态环境主管部门备案：

（一）产业密集、水环境问题突出；

（二）现有水污染物排放标准不能满足黄河流域水环境质量要求；

（三）流域或者区域水环境形势复杂，无法适用统一的水污染物排放标准。（第六章第七十四条）

国家支持社会资金设立黄河流域科技成果转化基金，完善科技投融资体系，综合运用政府采购、技术标准、激励机制等促进科技成果转化。（第七章第八十九条）

违反本法规定，在黄河流域从事生产建设活动造成水土流失未进行治理，或者治理不符合国家规定的相关标准的，由县级以上地方人民政府水行政主管部门或者黄河流域管理机构及其所属管理机构责令限期治理，对单位处二万元以上二十万元以下罚款，对个人可以处二万元以下罚款；逾期不治理的，代为治理，所需费用由违法者承担。（第十章第一百一十条）

相关知识

◎ 相关标准查询

国家标准查询

可进入国家标准化管理委员会网站——国家标准全文公开系统，进行查询。

水利技术标准查询

进入水利部网站——机关司局栏目——科技国际合作——技术监督——现行有效标准，进行查询。

生态环境标准查询

进入生态环境部网站——业务工作——法规标准——标准，进行查询。

工程建设标准查询

进入住房和城乡建设部网站——公开——标准公告，进行查询。

第41问 《黄河保护法》涉及"定额"的条款有哪些？

《黄河保护法》涉及"定额"的条款分布在共计2个章的4个条款之中，分别是：

国家在黄河流域实行强制性用水定额管理制度。国务院水行政、标准化主管部门应当会同国务院发展改革部门组织制定黄河流域高耗水工业和服务业强制性用水定额。制定强制性用水定额应当征求国务院有关部门、黄河流域省级人民政府、企业事业单位和社会公众等方面的意见，并依照《中华人民共和国标准化法》的有关规定执行。

黄河流域省级人民政府按照深度节水控水要求，可以制定严于国家用水定额的地方用水定额；国家用水定额未作规定的，可以补充制定地方用水定额。

黄河流域以及黄河流经省、自治区其他黄河供水区相关县级行政区域的用水单位，应当严格执行强制性用水定额；超过强制性用水定额的，应当限期实施节水技术改造。（第四章第五十二条）

黄河流域以及黄河流经省、自治区其他黄河供水区相关县级行政区域的县级以上地方人民政府水行政主管部门和黄河流域管理机构核定取水单位的取水量，应当符合用水定额的要求。（第四章第五十三条）

国家在黄河流域建立促进节约用水的水价体系。城镇居民生活用水和具备条件的农村居民生活用水实行阶梯水价，高耗水工业和服务业水价实行高额累进加价，非居民用水水价实行超定额累进加价，推进农业水价综合改革。（第四章第五十六条）

违反本法规定，黄河流域以及黄河流经省、自治区其他黄河供水区相关县级行政区域的用水单位用水超过强制性用水定额，未按照规定期限实施节水技术改造的，由县级以上地方人民政府水行政主管部门或者黄河流域管理机构及其所属管理机构责令限期整改，可以处十万元以下罚款；情节严重的，处十万元以上五十万元以下罚款，吊销取水许可证。（第十章第一百一十四条）

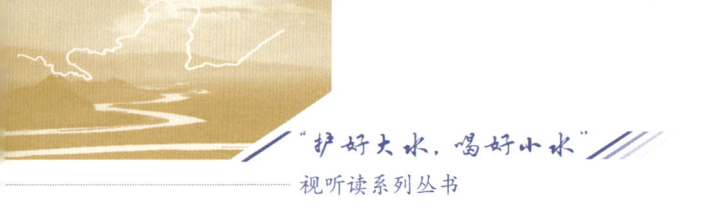

相关知识

◎ 用水定额的基本知识

定额是指从总体的生产工作过程来考查，规定出社会平均必需的消耗数量标准。用水定额指针对不同的用水对象，在一定时期内制定的单位用水量的限定值。

用水定额一般按照用途可分为 3 类，即工业用水定额、居民生活用水定额和农业灌溉用水定额。水利部自 2019 年以来，已陆续发布 105 项用水定额，其中农业 14 项、工业 70 项、建筑业 3 项和服务业 18 项，基本建立了全面系统的用水定额体系。

用水定额不是固定不变的，会随着社会发展、科技进步以及环境变化而改变。用水定额的制定过程复杂，尤其是从国家层面制定用水定额，需要开展长时间、大范围的调查。以农业灌溉用水定额为例，农业灌溉用水受气候、土壤、作物种类、水源条件、灌区类型、节水灌溉发展水平等诸多因素影响，在不同区域，影响因素的差异很大，为了制定出国家层面的

农业、工业、服务业10项用水定额

农业用水定额，全国节水办充分利用了全国灌溉水有效利用系数测算样点灌区长时期的调查与观测数据，并对地方灌溉用水和定额进行全面评估，确定了全国主要作物灌溉用水定额编制的技术路线和方法。2020年1月，我国在国家层面的第一个农业用水定额《农业灌溉用水定额：小麦》发布。

《农业灌溉用水定额：小麦》1项、《工业用水定额：味精、氧化铝、电解铝、醋酸乙烯、钛白粉》5项、《服务业用水定额：科技文化场馆、环境卫生管理、理发及美容、写字楼》4项。

各省（自治区、直辖市）用水定额，进入水利部网站——机关司局栏目——节约用水——政策法规——标准定额——地标。

第 42 问 《黄河保护法》涉及"基金"的条款有哪些？

《黄河保护法》涉及"基金"的条款分布在共计 2 个章的 3 个条款之中，分别是：

国家支持社会资金设立黄河流域科技成果转化基金，完善科技投融资体系，综合运用政府采购、技术标准、激励机制等促进科技成果转化。（第七章第八十九条）

国家支持设立黄河流域生态保护和高质量发展基金，专项用于黄河流域生态保护与修复、资源能源节约集约利用、战略性新兴产业培育、黄河文化保护传承弘扬等。（第九章第一百条）

国家鼓励社会资金设立市场化运作的黄河流域生态保护补偿基金。国家支持在黄河流域开展用水权市场化交易。（第九章第一百零二条）

相关知识

◎ 基金的定义

基金具有广义上和狭义上的两种概念，广义上的基金是指为了某种目的而设立的具有一定数量的资金，如信托投资基金、公积金、退休基金等；狭义上的基金指具有特定目的和用途的资金。

◎ 中央财政关于推动黄河流域生态保护和高质量发展的财税支持方案

该方案共计 8 部分 22 条。

（1）总体要求

（2）支持建立以财政投入、市场参与为总体导向的资金多元化利用机制

（3）支持建立以防洪治理、水沙调控为重点方向的灾害防治保障机制

（4）支持建立以税费引导、专项奖励为调节手段的水资源节约集约利用机制

（5）支持建立以整体治理、分段施策为基本思路的生态保护补偿机制

（6）支持建立以因地制宜、集约高效为主要特点的国土空间保护利用机制

（7）支持建立以传承弘扬、协同发展为重要目标的黄河文化投入机制

（8）保障措施

其中，第二部分支持建立以财政投入、市场参与为总体导向的资金多元化利用机制，提到：①设立黄河流域生态保护和高质量发展奖补资金。中央财政设立黄河流域生态保护和高质量发展奖补资金，用于支持沿黄河省区统筹做好加强生态环境保护、保障黄河长治久安、推进水资源节约集约利用、推动黄河流域高质量发展、保护传承弘扬黄河文化等工作，突出重点、讲求绩效、强化监督，支持地方共同抓好大保护、协同推进大治理。②建立黄河流域生态保护和高质量发展多元化投入格局。研究设立黄河流域生态保护和高质量发展基金。支持沿黄河省区规范推广政府和社会资本合作(PPP)，中国政企合作投资基金对符合条件的 PPP 项目给予支持。鼓励各类企业、社会组织参与支持黄河流域生态保护和高质量发展，拓宽资金投入渠道。

关于印发《中央财政关于推动黄河流域生态保护和高质量发展的财税支持方案》的通知

第43问 《黄河保护法》涉及"宣传"的条款有哪些？

《黄河保护法》涉及"宣传"的条款分布在共计4个章的4个条款之中，分别是：

国务院有关部门和黄河流域县级以上地方人民政府及其有关部门应当加强黄河流域生态保护和高质量发展的宣传教育。

新闻媒体应当采取多种形式开展黄河流域生态保护和高质量发展的宣传报道，并依法对违法行为进行舆论监督。（第一章第十八条）

黄河流域县级以上地方人民政府及其有关部门应当加强节水宣传教育和科学普及，提高公众节水意识，营造良好节水氛围。（第四章第五十五条）

黄河流域城市人民政府应当统筹城市防洪和排涝工作，加强城市防洪排涝设施建设和管理，完善城市洪涝灾害监测预警机制，健全城市防灾减灾体系，提升城市洪涝灾害防御和应对能力。

黄河流域城市人民政府及其有关部门应当加强洪涝灾害防御宣传教育和社会动员，定期组织开展应急演练，增强社会防范意识。（第五章第七十一条）

国家加强黄河文化宣传，促进黄河文化国际传播，鼓励、支持举办黄河文化交流、合作等活动，提高黄河文化影响力。（第八章第九十九条）

相关知识

◎ 水利宣传机构及信息查询

水利部办公厅设有宣传信息处,水利部有直属单位——水利部宣传教育中心,以及中国水利报社等单位,宣传报道水利工作等。

水利宣传信息查询,进入水利部网站——直属单位网站——水利部宣传教育中心和中国水利报社,查看相关内容。

《中国水利报》,由水利部主管,是水利系统权威、覆盖面广的报纸,是全国水利工作重要思想舆论的主阵地、主平台,是社会各界了解水利工作的主窗口、主渠道。以宣传大政方针、指导行业改革、追踪水事热点、开拓涉水市场、报道经济动态、关注基层冷暖为宗旨。包括新闻、专刊、副刊、专题等多个板块,努力为水利事业发展服务,为广大读者服务。

黄河水利委员会的官方网站,是全面宣传黄河流域的网站。设有黄河要闻、流域瞭望、水事纵览、黄河文化、大河足迹、历史长廊、民风民俗、文学天地、文化传真等专栏。

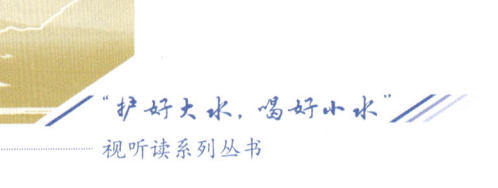

黄河水利委员会事业单位——新闻宣传出版中心

新闻宣传出版中心是黄河水利委员会下属的治黄宣传专业部门，其主要宣传媒体和手段有电视、报纸、互联网络等新闻传媒，又有图书、期刊、志书的出版，还有文博展览展示。

主要职责为贯彻落实党的宣传工作方针、路线、政策，承办黄委重大治黄项目和活动及日常工作的新闻宣传报道；负责有关黄河治理开发、水利水电、水土保持及相关学科科技图书及黄河流域经济、历史、文化等方面的社科类图书出版发行；治黄科技、综合类期刊地出版发行；治黄文物的收藏与成果展示等。

其所属单位有黄河水利出版社、黄河报社、黄河网站、黄河有线电视台、《人民黄河》杂志社、《中国水土保持》杂志社、《黄河 黄土 黄种人》杂志社、黄河志总编室（黄河年鉴社）、黄河博物馆等机构。

黄河保护法及相关知识 52 问

第44问 《黄河保护法》涉及"科学普及"和"普及"的条款有哪些?

《黄河保护法》涉及科学普及和普及的条款分布在共计2个章的2个条款之中,分别是:

黄河流域县级以上地方人民政府及其有关部门应当加强节水宣传教育和科学普及,提高公众节水意识,营造良好节水氛围。(第四章第五十五条)

国家采取政府购买服务等措施,支持单位和个人参与提供反映黄河流域特色、体现黄河文化精神、适宜普及推广的公共文化服务。(第八章第九十七条)

相关知识

◎《关于新时代进一步加强科学技术普及工作的意见》主要内容

科学技术普及(简称科普)是国家和社会普及科学技术知识、弘扬科学精神、传播科学思想、倡导科学方法的活动,是实现创新发展的重要基础性工作。为了解决当前对于科普工作重要性认识不到位、落实科学普及与科技创新同等重要的制度安排尚不完善、高质量科普产品和服务供给不足、网络伪科普流传等问题。中共中央办公厅、国务院办公厅于 2022 年 9 月 4 日印发了《关于新时代进一步加强科学技术普及工作的意见》，并发出通知，要求各地区各部门结合实际认真贯彻落实。

第一部分，总体要求，明确了科学普及的指导思想、工作要求和发展目标；

第二部分，强化全社会科普责任，明确了社会不同机构和团体对于科普工作的责任和义务；

第三部分，加强科普能力建设，明确了科普工作需在哪些方面加强，包括强化基层科普服务，完善科普基础设施布局，加强科普作品创作，提升科普活动效益，壮大科普人才队伍，推动科普产业发展，加强科普交流合作；

第四部分，促进科普与科技创新协同发展，明确了科技创新和科普工作的相互促进关系，发挥科技创新对科普工作的引领作用，发挥科普对科技成果转化的促进作用；

第五部分，强化科普在终身学习体系中的作用，明确了科普工作的主体，包括强化基础教育和高等教育中的科普，强化对领导干部和公务员的科普，强化职业学校教育和职业技能培训中的科普，强化老龄工作中的科普；

第六部分，营造热爱科学、崇尚创新社会氛围，明确了科普工作宣传的方向，包括加强科普领域舆论引导，大力弘扬科学家精神，加强民族地区、边疆地区、欠发达地区科普工作；

第七部分，加强制度保障，包括构建多元化投入机制，完善科普奖励激励机制，强化工作保障和监督评估。

2021年，水利部、共青团中央、中国科协联合印发《关于加强水利科普工作的指导意见》（水国科〔2021〕128号），该意见中重点任务共计包括7个方面，分别是：

（1）强化水利科普供给
（2）开放共享水利科普资源
（3）推动建设水利科普基地
（4）创新水利科普方式手段
（5）打造水利科普特色活动
（6）加强水利科普队伍建设
（7）加强水利科普国际交流合作

水利科普信息查询，进入水利部网站——直属单位网站——中国水利学会——水利科普专栏，查看相关内容。

中共中央办公厅国务院办公厅印发《关于新时代进一步加强科学技术普及工作的意见》

"护好大水 喝好小水"科普展板

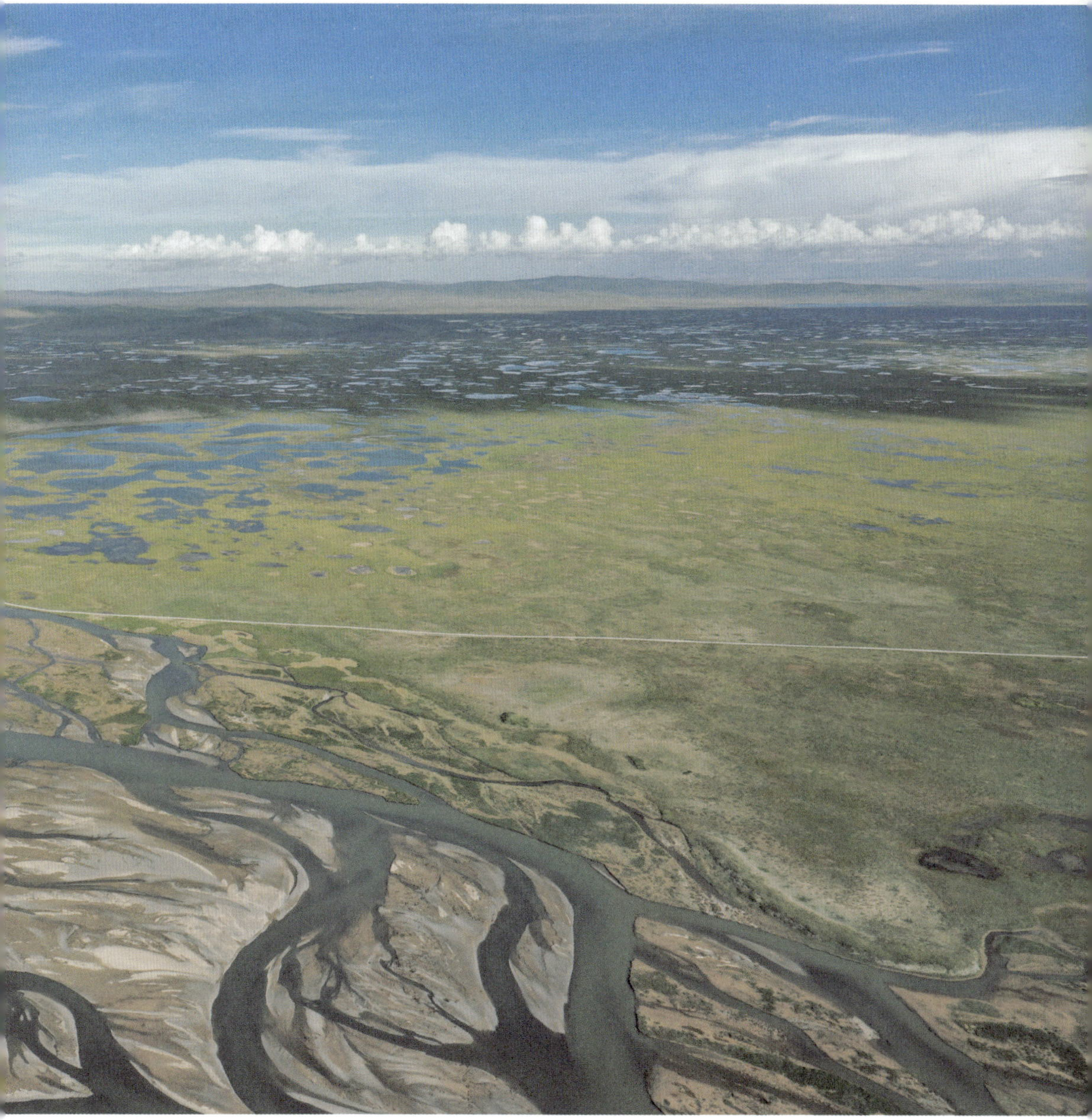

第45问 《黄河保护法》涉及"地下水"的条款有哪些？

《黄河保护法》共有6个条款涉及"地下水"的具体内容。

第四十三条规定，国务院相关部门应当组织划定并公布黄河流域地下水超采区。省级人民政府有关部门应当编制本行政区域地下水超采综合治理方案。

第四十八条规定，国务院相关部门应当制定黄河流域省级行政区域地下水取水总量控制指标。

第四十九条规定，县级以上行政区域的地下水取水总量不得超过本行政区域地下水取水总量控制指标，并符合地下水水位控制指标要求。

第五十五条规定，禁止取用深层地下水用于农业灌溉。

第七十七条规定，县级以上地方人民政府应当对地下水重点污染源及周边地下水环境风险隐患组织开展调查评估。

第七十八条规定，省级人民政府相关部门应当根据本行政区域地下水污染防治需要，划定地下水污染防治重点区。

🔗 相关知识

◎ 地下水

地下水，是指赋存于地面以下岩石空隙中的水，狭义上是指地下水面以下饱和含水层中的水。在国家标准《水文地质术语》（GB/T 14157—93）中，地下水是指埋藏在地表以下各种形式的重力水。

地下水是水资源的重要组成部分，由于水量稳定，水质好，是农业灌溉、工矿和城市的重要水源之一。但不合理的地下水开采将造成一系列生态环境问题，如地面沉降、岩溶塌陷、海水入侵、土壤盐渍化等。

按起源不同，可将地下水分为渗入水、凝结水、初生水和埋藏水。渗入水指降水渗入地下形成渗入水。凝结水指水汽凝结形成的地下水。初生水指既不是降水渗入，也不是水汽凝结形成的，而是由岩浆中分离出来的气体冷凝形成的地下水。埋藏水指与沉积物同时生成或海水渗入到原生沉积物的孔隙中而形成的地下水。

按埋藏条件不同，可分为上层滞水、潜水、承压水。上层滞水指埋藏在离地表不深、包气带中局部隔水层之上的重力水。潜水指埋藏在地表以下、第一个稳定隔水层以上、具有自由水面的重力水。承压水指埋藏并充满两个稳定隔水层之间的含水层中的重力水。

按矿化度，地下水划分为四类：

地下水分类	淡水	微咸水	半咸水	咸水
矿化度 /(g/L)	<1	1～3	3～5	>5

◎《地下水管理条例》

该条例于2021年国务院令第748号公布，自2021年12月1日起施行。共计8章64条。

第一章　总则
第二章　调查与规划
第三章　节约与保护
第四章　超采治理
第五章　污染防治
第六章　监督管理
第七章　法律责任
第八章　附则

专家解读《地下水管理条例》

第46问 《黄河保护法》涉及"排污"的条款有哪些？

《黄河保护法》共有2个条款涉及"排污"的具体内容，一条是关于排污口，另一条是关于排污单位。

第七十六条规定，在黄河流域河道、湖泊新设、改设或者扩大排污口，应当报经有关部门批准。黄河流域水环境质量不达标的水功能区，除城乡污水集中处理设施等重要民生工程的排污口外，应当严格控制新设、改设或者扩大排污口。黄河流域县级以上地方人民政府应当对本行政区域河道、湖泊的排污口组织开展排查整治，明确责任主体，实施分类管理。

第七十七条规定，黄河流域设区的市级以上地方人民政府生态环境主管部门商本级人民政府有关部门，制定并发布地下水污染防治重点排污单位名录。地下水污染防治重点排污单位应当依法安装水污染物排放自动监测设备，与生态环境主管部门的监控设备联网，并保证监测设备正常运行。

相关知识

◎ 排污口及分类

入河入海排污口（简称排污口）是指直接或通过管道、沟、渠等排污通道向环境水体排放污水的口门，是流域、海域生态环境保护的重要节点。

根据排污口责任主体所属行业及排放特征，将排污口分为工业排污口、城镇污水处理厂排污口、农业排口、其他排口等四种类型。其中，工业排污口包括工矿企业排污口和雨洪排口、工业及其他各类园区污水处理厂排污口和雨洪排口等；农业排口包括规模化畜禽养殖排污口、规模化水产养殖排污口等；其他排口包括大中型灌区排口、规模以下水产养殖排污口、农村污水处理设施排污口、农村生活污水散排口等。各地可从实际出发细化排污口类型。

◎ 排污口的相关规定

污水排入河道前应当经过处理，符合水污染物排放标准和重点水污染物排放总量控制指标。超过标准和指标排放的，由相关部门依据有关法律、法规处理。

《中华人民共和国水污染防治法》规定，禁止向生活饮用水水源地和一级保护区的水体排放污水。已设置的排污口，应限期拆除或限期治理。在生活饮用水源地、风景名胜区水体、重要渔业水体和其他有特殊经济文化价值的水体的保护区内，不得新建排污口。在保护区附近新建排污口，必须保证保护区水体不受污染。往河道倒垃圾应被处罚，限期清除障碍或者采取其他补救措施，处一万元以上五万元以下的罚款。

根据《中华人民共和国水法》第六十七条规定：

在饮用水水源保护区内设置排污口的，由县级以上地方人民政府责令

黑臭水体　　　　生活污水

限期拆除、恢复原状；逾期不拆除、不恢复原状的，强行拆除、恢复原状，并处五万元以上十万元以下的罚款。

未经水行政主管部门或者流域管理机构审查同意，擅自在江河、湖泊新建、改建或者扩大排污口的，由县级以上人民政府水行政主管部门或者流域管理机构依据职权，责令停止违法行为，限期恢复原状，处五万元以上十万元以下的罚款。

◎ 排污口的相关标准

《入河（海）排污口三级排查技术指南》（HJ 1232—2021）

《入河（海）排污口排查整治无人机遥感航测技术规范》（HJ 1233—2021）

《入河（海）排污口排查整治无人机遥感解译技术规范》（HJ 1234—2021）

《入河（海）排污口命名与编码规则》（HJ 1235—2021）

第47问 《黄河保护法》涉及"采砂"的条款有哪些？

《黄河保护法》共有2个条款涉及"采砂"的具体内容。

第三十条规定，禁止在黄河上游约古宗列曲、扎陵湖、鄂陵湖、玛多河湖群等河道、湖泊管理范围内从事采矿、采砂、渔猎等活动。

第六十九条规定，国家实行黄河流域河道采砂规划和许可制度。黄河流域河道采砂应当依法取得采砂许可。禁止在黄河流域禁采区和禁采期从事河道采砂活动。

相关知识

◎ 非法采砂的危害

（1）破坏堤岸，威胁堤防等水利防洪设施安全。河砂是缓冲河道水流、涵养水源、保护堤防与河岸的重要屏障，河砂资源的无节制开采将会加剧水流对于河岸的冲刷，造成河岸防洪能力减弱。

（2）破坏生态环境。采砂作业还造成周边水体浑浊、透明度降低，使自然河流中水体的物理化学性质发生变化，同时影响河流中水生动植物的存活，严重影响水生态环境，除此以外，对河流中水体的污染，将导致居民用水安全问题。

（3）破坏航道危及航行安全。大量非法采砂改变了河道原有水文环境，破坏航道和通航建筑物，使水流流态紊乱，影响船只通航安全。

◎ 非法采砂的法律适用

非法采砂违反《中华人民共和国治安管理处罚法》（以下简称《治安管理处罚法》），情节严重者将违反《中华人民共和国刑法》（以下简称《刑法》）。《中华人民共和国矿产资源法实施细则》附件中的矿产资源分类细目第三条明确天然石英砂（含玻璃用砂、铸型用砂、建筑用砂、水泥配料用砂、水泥标准砂、砖瓦用砂）属于非金属矿产。非法采砂涉嫌非法采矿罪，适用《刑法》第三百四十三条第一款："违反矿产资源法的规定，未取得采矿许可证擅自采矿，擅自进入国家规划矿区、对国民经济具有重要价值的矿区和他人矿区范围采矿，或者擅自开采国家规定实行保护性开采的特定矿种，情节严重的，处三年以下有期徒刑、拘役或者管制，并处或者单处罚金；情节特别严重的，处三年以上七年以下有期徒刑，并处罚金。对于在河道内非法采砂尚未构成非法采矿罪的，按照《治安管理处罚法》第三十条第一款，以损毁水利防汛工程设施对主要责任人进行处罚。"

◎ 非法采砂的立案标准

（1）开采的矿产品价值或者造成矿产资源破坏的价值在十万元至三十万元以上的。

（2）二年内曾因非法采矿受过两次以上行政处罚，又实施非法采矿行为的。

◎ 智慧监管采砂案例——罗山县"智慧河砂"监管平台

"智慧河砂"监管平台由一卡通系统、无人值守称重系统、大数据分析系统、视频监控系统、GPS定位与电子围栏系统、多媒体广播系统、采砂流程监管系统、销售结算系统等组成，通过网络专线与水利局、城市建设管理局、交通局网络互联，实现了业务流程闭环管理、数据共享、数据统计分析、数据挖掘、数据可视化展示等。同时向监管部门提供丰富的数据报表及实时预警，通过手机 APP 呈现到各级管理人员手中。

第48问 《黄河保护法》涉及"农业和农村"的条款有哪些？

《黄河保护法》共有 11 个条款涉及"农业和农村"的具体内容，不包括针对国务院农业农村主管部门权限的 4 个条款。

第九条规定，国家在黄河流域强化农业节水增效措施。

第二十二条规定，国务院有关部门应当组织编制黄河流域国土空间规划，科学有序统筹安排农业、生态、城镇等功能空间，划定永久基本农田、生态保护红线、城镇开发边界，优化国土空间结构和布局。

第四十九条规定，县级以上地方人民政府应当制定本行政区域农业、工业、生活及河道外生态等用水量控制指标。

第五十五条规定，县级以上地方人民政府应当组织发展高效节水农业，加强农业节水设施和农业用水计量设施建设，选育推广低耗水、高耐旱农作物，降低农业耗水量。禁止取用深层地下水用于农业灌溉。完善农村集中供水和节水配套设施。

第五十六条规定，具备条件的农村居民生活用水实行阶梯水价，推进农业水价综合改革。

第七十二条规定，国家加强农业面源污染的综合治理、系统治理、源头治理。

第七十五条规定，因地制宜推进农村厕所改造、生活垃圾处理和污水治理，消除黑臭水体。

第八十一条规定，县级以上地方人民政府及其有关部门应当加强农药、化肥等农业投入品使用总量控制、使用指导和技术服务，推广病虫害绿色防控等先进适用技术，实施灌区农田退水循环利用，加强对农业污染源的监测预警。

第八十五条规定，统筹生态保护与乡村发展，加强农村基础设施建设，推进农村产业融合发展，鼓励使用绿色低碳能源，加快推进农房和村庄建设现代化，塑造乡村风貌，建设生态宜居美丽乡村。

第八十八条规定，国家鼓励、支持建设高标准农田、现代畜牧业生产基地以及种质资源和制种基地，因地制宜开展盐碱地农业技术研究、开发和应用，支持地方品种申请地理标志产品保护，发展现代农业服务业。应当组织调整农业产业结构，优化农业产业布局，发展区域优势农业产业，服务国家粮食安全战略。

第九十八条规定，促进文化产业与农业、水利、制造业、交通运输业、服务业等深度融合。

相关知识

◎ 乡村振兴战略

2017年10月,中国共产党第十九届全国人民代表大会报告上首次提出乡村振兴战略,报告指出,农业、农村、农民问题是关系国计民生的根本性问题,必须始终把解决好"三农"问题作为全党工作的重中之重,实施乡村振兴战略。

2018年1月2日,公布了2018年中央一号文件,即《中共中央 国务院关于实施乡村振兴战略的意见》。2018年9月,中共中央、国务院印发了《乡村振兴战略规划(2018—2022年)》,并发出通知,要求各地区各部门结合实际认真贯彻落实。

2021年4月29日,十三届全国人大常委会第二十八次会议表决通过《中华人民共和国乡村振兴促进法》。法律自2021年6月1日起施行。

2022年5月23日,中共中央办公厅、国务院办公厅印发了《乡村建设行动实施方案》,明确了乡村建设行动的路线图,确保到2025年乡村建设取得实质性进展,农村人居环境持续改善,农村公共基础设施往村覆盖、往户延伸取得积极进展,农村基本公共服务水平稳步提升,农村精神文明建设显著加强。

◎ 乡村振兴 "三步走"战略

（1）到2020年，乡村振兴取得重要进展，制度框架和政策体系基本形成；

（2）到2035年，乡村振兴取得决定性进展，农业农村现代化基本实现；

（3）到2050年，乡村全面振兴，农业强、农村美、农民富全面实现。

◎ 乡村振兴战略的七条实施路径

（1）必须重塑城乡关系，走城乡融合发展之路；
（2）必须巩固和完善农村基本经营制度，走共同富裕之路；
（3）必须深化农业供给侧结构性改革，走质量兴农之路；
（4）必须坚持人与自然和谐共生，走乡村绿色发展之路；
（5）必须传承发展提升农耕文明，走乡村文化兴盛之路；
（6）必须创新乡村治理体系，走乡村善治之路；
（7）必须打好精准脱贫攻坚战，走中国特色减贫之路。

第 49 问 《黄河保护法》涉及"黄河文化"的条款主要有哪些？

《黄河保护法》共有 11 个条款涉及"黄河文化"的具体内容。

第七条规定，各主管部门按照职责分工，建立健全各相关标准体系。其中，包括文化遗产保护标准体系。

第十七条规定，国家加强黄河文化保护传承弘扬，系统保护黄河文化遗产，研究黄河文化发展脉络，阐发黄河文化精神内涵和时代价值。

第九十一条规定，国务院有关部门应当编制并实施黄河文化保护传承弘扬规划，推动黄河文化体系建设。加强黄河文化保护传承弘扬，提供优质公共文化服务，丰富城乡居民精神文化生活。

第九十二条规定，国务院有关部门和省级人民政府应当组织开展黄河文化和治河历史研究，推动黄河文化创造性转化和创新性发展。

第九十三条规定，国务院有关部门应当组织指导黄河文化资源调查和认定，对文物古迹、非物质文化遗产、古籍文献等重要文化遗产进行记录、建档，建立黄河文化资源基础数据库。

第九十四条规定，各相关部门加强对历史文化名城名镇名村、文物、历史建筑和古河道、古堤防、古灌溉工程等水文化遗产以及农耕文化遗产、地名文化遗产等的保护，以及非物质文化遗产保护。

第九十五条规定，国家加强黄河流域具有革命纪念意义的文物和遗迹保护，传承弘扬黄河红色文化。

第九十六条规定，国家建设黄河国家文化公园，统筹利用文化遗产地以及博物馆、纪念馆、展览馆、教育基地、水工程等资源，系统展示黄河文化。

第九十七条规定，支持单位和个人参与提供反映黄河流域特色、体现黄河文化精神、适宜普及推广的公共文化服务。有关部门应当组织将黄河文化融入城乡建设和水利工程等基础设施建设。

第九十八条规定，推动文化产业发展，促进文化产业与农业、水利、制造业、交通运输业、服务业等深度融合。统筹黄河文化、流域水景观和水工程等资源，建设黄河文化旅游带。推动本行政区域旅游业发展，展示和弘扬黄河文化。

第九十九条规定，国家鼓励开展黄河题材文艺作品创作。国家加强黄河文化宣传，促进黄河文化国际传播，鼓励、支持举办黄河文化交流、合作等活动，提高黄河文化影响力。

相关知识

◎《中国水利风景区故事·黄河篇》丛书

该丛书一套 5 册，分别是《水利工程》《山水风光》《治黄春秋》《人文历史》《民俗传说》，内含 200 多个故事共计 100 多万字。通过水利风景区的水利建设、文化内涵、历史故事、文化特色和时代价值等进行重点挖掘和讲述，以文学叙事的方式展开，通过讲好水故事、传播水文化，让人在轻松愉悦的阅读中受到启发，较好兼顾了知识性、可读性和传承性。

书籍通过一项项雄伟壮观的水利工程，让人在河流自然与水工建筑的完美结合中，体会到人与自然的和谐共生、天人合一的精神境界；通过一个个治水人物的感人事迹，让人感受到水利人无私奉献、艰苦创业、战天斗地的可贵精神；通过一处处千姿百态的水利风景区，让人的心灵为山水之美所净化，让思想之光和水利智慧深深交融；通过泛着自然之美与文化之雅的文化珍宝，让人感受中华文化的博大精深和中华文明的源远流长。

该丛书紧密围绕习近平总书记在黄河流域生态保护和高质量发展座谈会上的重要讲话精神，以黄河流域各省区现有国家水利风景区为主体，以水利风景区水利文化为主要视域，合理吸纳黄河流域地方文化、典故传说，着力挖掘黄河流域悠久历史，深入传承黄河文化基因，讲好新时代黄河故事，努力增强黄河流域文化软实力和影响力，塑造厚植家国情怀、传承道德观念、各民族同根共有的精神家园。

第 50 问 《黄河保护法》涉及"考核评价"和"法律责任"的条款主要有哪些？

《黄河保护法》共有1个条款涉及"考核评价"的具体内容，有13个条款针对"法律责任"的内容。

第一百零三条规定，国家实行黄河流域生态保护和高质量发展责任制和考核评价制度。上级人民政府应当对下级人民政府水资源、水土保持强制性约束控制指标落实情况等生态保护和高质量发展目标完成情况进行考核。

从第一百零八条至第一百二十条，分别对违反本法规定的各种事项，规定采取相应的责令停止违法行为、补救措施、处分、罚款、追究刑事责任等。

相关知识

◎ 考核评价及分类

考核评价是指通过科学的方法、标准和程序，对行为主体的与评定任务有关信息进行观察、收集、组织、贮存、提取、整合，并尽可能做出准确评价的过程。

考核评价一般分为绝对考核评价和相对考核评价。绝对考核评价是指对于每个参与考核评价的行为主体是独立的，每个行为主体的考核评价结果不会受到其他行为主体的影响，如考试分数。相对考核评价是指对于每个参与考核评价的行为主体是相关的，每个行为主体的考核评价结果会受到其他行为主体的影响，如考试排名。

水利部关于印发
河长湖长履职规
范（试行）的通知

◎ 河长湖长履职规范（试行）

该规范共计 4 章 31 条，其中第四章的第五节为考核内容。

第五节　组织总结考核

第二十八条　推行河湖长制工作述职制度，总河长审阅或适时听取本级河长湖长、河长制组成部门（单位）主要负责同志和下一级总河长的履职情况报告。乡级及以上河长湖长每年听取或审阅相应河湖管理和保护有关部门（单位）和相应河湖的下一级河长湖长履行职责情况报告。

第二十九条　严格落实河湖长考核制度，总河长组织对本级河湖长制组成部门（单位）和下一级地方落实河湖长制情况进行考核，县级及以上河长湖长组织对相应河湖的下一级河长湖长履职情况进行考核。考核工作由本级河长制办公室承担。

第三十条　强化考核结果应用，考核结果提交本级党委和政府考核办公室、组织部门，作为地方党政领导干部综合考核评价的重要依据。目标任务完成且考核结果优秀的，给予激励；目标任务落实不到位的，或者考核不合格的，组织考核的总河长、河长湖长及时约谈提醒或提请问责被考核对象。

第三十一条　总河长审定本行政区域全面推行河湖长制工作年度总结报告。各省、自治区、直辖市要按照《意见》《指导意见》要求，每年 1 月底前将上年度贯彻落实河湖长制情况报党中央、国务院。

第51问 《黄河保护法》提到建立健全黄河流域哪些方面的标准体系？

《黄河保护法》第一章第七条指出：国务院水行政、生态环境、自然资源、住房和城乡建设、农业农村、发展改革、应急管理、林业和草原、文化和旅游、标准化等主管部门按照职责分工，建立健全黄河流域水资源节约集约利用、水沙调控、防汛抗旱、水土保持、水文、水环境质量和污染物排放、生态保护与修复、自然资源调查监测评价、生物多样性保护、文化遗产保护等标准体系。

从上面的条款表述可见，主要建立10个方面的标准体系，主要由国务院10个主管部门按职责分工来组织实施。

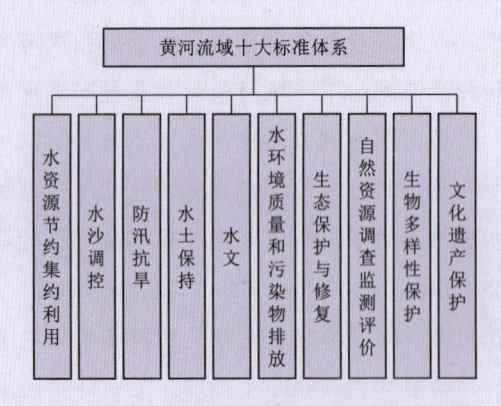

黄河流域十大标准体系：
- 水资源节约集约利用
- 水沙调控
- 防汛抗旱
- 水土保持
- 水文
- 水环境质量和污染物排放
- 生态保护与修复
- 自然资源调查监测评价
- 生物多样性保护
- 文化遗产保护

黄河流域需要建立健全的十大标准体系

标准体系是一定范围内的标准，按其内在联系形成的科学有机整体。与实现一个国家的标准化目的有关的所有标准，可以形成一个国家的标准体系；与实现某种产品的标准化目的有关的标准，可以形成该种产品的标准体系。标准体系的组成单元是标准。

> 标准体系具有六个特征,即集合性、目标性、可分解性、相关性、整体性、环境适应性。

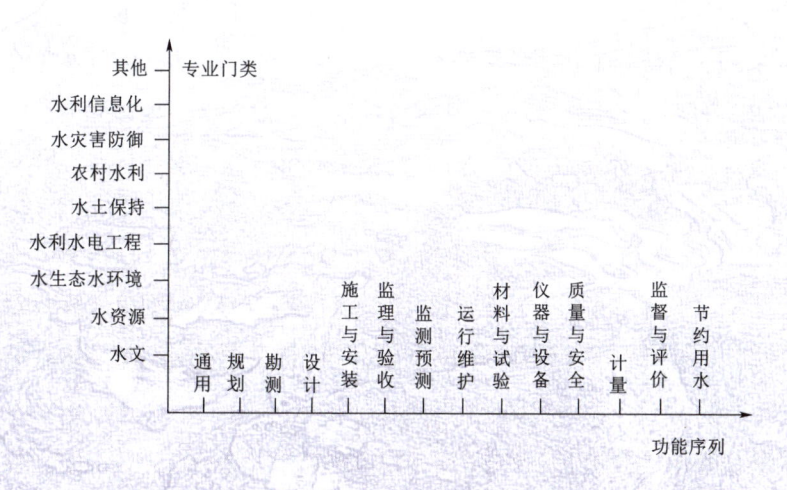

水利技术标准体系结构框图

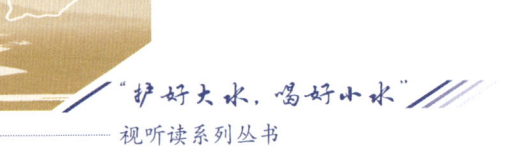

相关知识

◎ 标准化法及标准分类

《中华人民共和国标准化法》由中华人民共和国第七届全国人民代表大会常务委员会第五次会议于 1988 年 12 月 29 日通过，自 1989 年 4 月 1 日起施行。2017 年 11 月 4 日修订。该法是为了加强标准化工作，提升产品和服务质量，促进科学技术进步，保障人身健康和生命财产安全，维护国家安全、生态环境安全，提高经济社会发展水平，制定本法。

标准(含标准样品)，是指农业、工业、服务业以及社会事业等领域需要统一的技术要求。标准包括国家标准、行业标准、地方标准和团体标准、企业标准。国家标准分为强制性标准、推荐性标准，行业标准、地方标准是推荐性标准。强制性标准必须执行。国家鼓励采用推荐性标准。

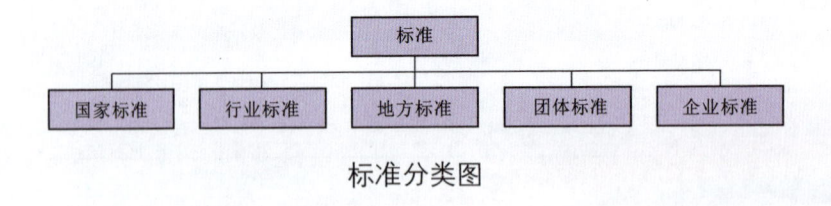

标准分类图

◎ 什么是国家标准？

中华人民共和国国家标准，简称国标。在 1994 年及之前发布的标准，以 2 位数字代表年份。从 1995 年开始发布的标准，标准编号后的年份才改以 4 个数字代表。强制性国家标准的代号为"GB"，推荐性国家标准的代号为"GB/T"。发布机构为国家标准化管理委员会。

◎ 什么是行业标准？

行业标准是为了统一不包含在国家标准范围内，而又需要在全国某个行业范围内统一的技术要求所制定的标准。国家标准的效力高于行业标准，当行业标准与国家标准不符时，应以国家标准为准。行业标准有：水利行业标准（SL）、测绘行业标准（CH）、电力行业标准（DL）、环境保护行业标准（HJ）等。

◎ 什么是地方标准？

地方标准是由地方标准化主管机构批准、发布，在该地方范围内统一的标准。地方标准效力小于国家标准和行业标准，地方标准的制定是由于不同地方在自然条件和技术水平方面有很大差别，为了地方产业因地制宜发展的要求而建立的。地方标准代号由大写汉语拼音DB加上省、自治区、直辖市行政区划代码的前两位数字（北京市11、上海市31等），再加上斜线T组成推荐性地方标准（DB××/T）。

◎ 什么是团体标准？

团体标准是由团体按照团体确立的标准制定程序自主制定发布，由社会自愿采用的标准。团体的范围指具有法人资格，且具备相应专业技术能力、标准化工作能力和组织管理能力的学会、协会、商会、联合会和产业技术联盟等社会团体。

第52问 《黄河保护法》提到国家鼓励支持开展黄河流域哪些方面的重大科技问题研究？

《黄河保护法》第十六条规定：国家鼓励、支持开展黄河流域生态保护与修复、水资源节约集约利用、水沙运动与调控、防沙治沙、泥沙综合利用、河流动力与河床演变、水土保持、水文、气候、污染防治等方面的重大科技问题研究，加强协同创新，推动关键性技术研究，推广应用先进适用技术，提升科技创新支撑能力。

由此可见，主要集中在10个方面的重大科技问题研究。

此外，第十四条规定：黄河流域统筹协调机制设立黄河流域生态保护和高质量发展专家咨询委员会，对黄河流域重大政策、重大规划、重大项目和重大科技问题等提供专业咨询。

◎ 《"十四五"水利科技创新规划》（以下简称《规划》）主要内容

《规划》围绕全面提升水旱灾害防御能力、水资源集约节约利用能力、水资源优化配置能力、大江大河大湖生态保护治理能力和新阶段水利高质量发展的6条实施路径，坚持目标导向、问题导向、效用导向，研究提出了"十四五"水利科技创新工作的总体思路、发展目标、重点攻关领域及任务、重点工作等。

"十四五"水利科技创新规划

科技部关于印发《黄河流域生态保护和高质量发展科技创新实施方案》的通知

◎ 科技部印发的《黄河流域生态保护和高质量发展科技创新实施方案》有哪些重点任务？

科技支撑黄河流域生态保护和高质量发展涉及基础研究、技术研发、工程示范、成果推广、文化传承、能力提升等多个方面，该实施方案提出了6项具体行动。

一是实施水安全保障关键技术攻坚行动。针对黄河水源涵养功能不足、水资源短缺、水沙关系不协调、下游河势游荡和"二级悬河"严峻等问题，研究径流、洪水和泥沙变化趋势，明晰用水底线；攻克深度节水、水沙精准预报与调控、防洪减灾等瓶颈技术。

二是实施生态保护关键技术攻坚行动。针对黄河流域生态脆弱区分布广、类型多、易退化、恢复难和慢的问题，聚焦上游青藏高原、中游黄土高原、下游河道与三角洲，开展区域生态修复和生态功能提升关键技术研究。

三是实施环境污染防治关键技术攻坚行动。针对流域水环境承载力低、能源工业集聚、环境污染积重较深的问题，开展水体和土壤（地下水）污染防治、危废处置、大气污染防治等技术攻关。

四是实施高质量发展与文化传承创新行动。围绕流域智慧管理水平不

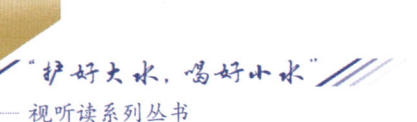

高、各省区高质量发展不充分，产业倚能倚重、低质低效，文化遗产保护和精神内涵挖掘不足等问题，开展智慧流域、农业、能源、文化等关键技术和产业模式研究。

五是实施综合治理工程示范行动。围绕全流域水源涵养、深度节水、生态保护与功能提升、产业发展、污染治理和智慧黄河构建，创建一批技术示范区，推动科研成果应用与辐射推广。

六是实施创新能力提升行动。建设一批流域科技创新平台，促进基础数据和研究成果等交流共享，支持企业牵头组建创新联合体，提升产业链创新水平，培育提升沿黄科技服务和科技成果转化能力。

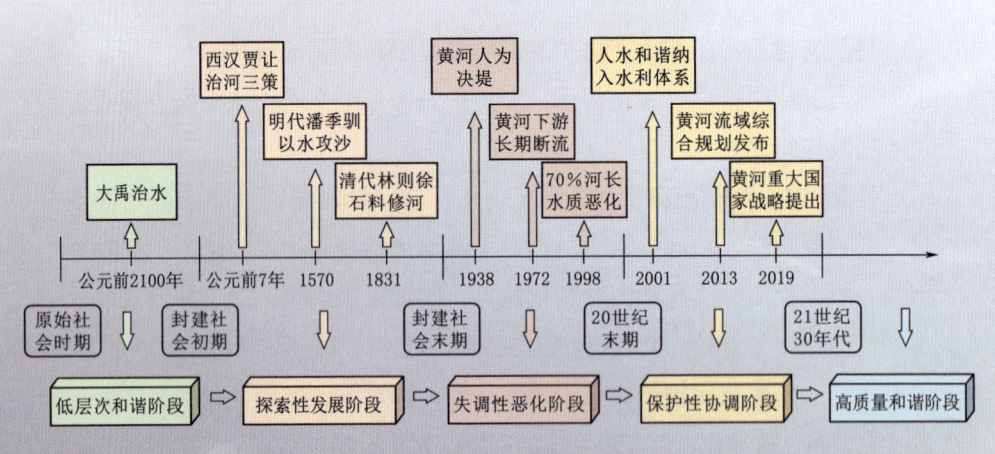

黄河流域人水关系演变

184

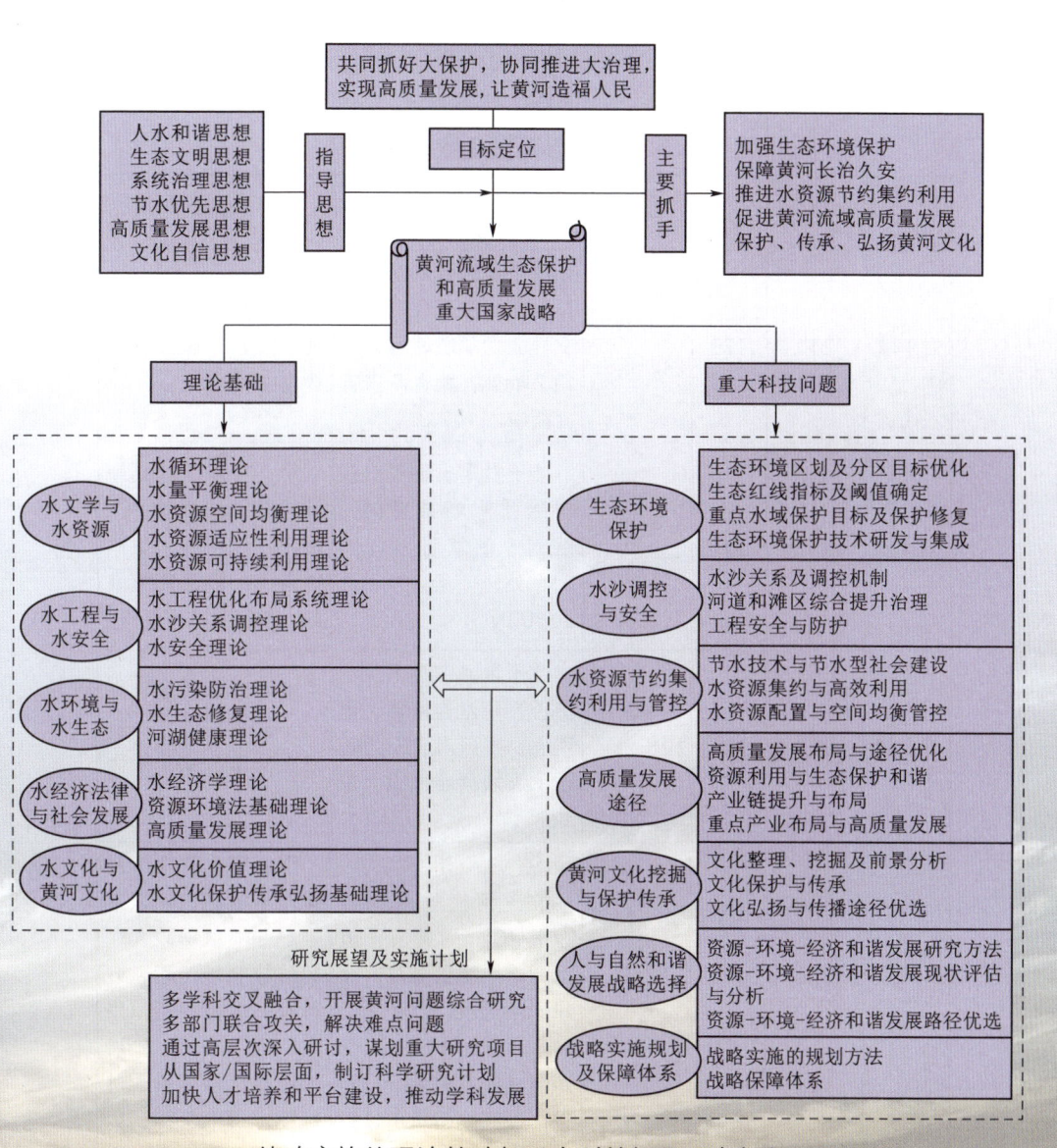

黄河保护法及相关知识 52 问

```
                    ┌──────────────────────────┐
                    │ 共同抓好大保护，协同推进大治理， │
                    │ 实现高质量发展，让黄河造福人民  │
                    └──────────────────────────┘
```

指导思想
- 人水和谐思想
- 生态文明思想
- 系统治理思想
- 节水优先思想
- 高质量发展思想
- 文化自信思想

目标定位

主要抓手
- 加强生态环境保护
- 保障黄河长治久安
- 推进水资源节约集约利用
- 促进黄河流域高质量发展
- 保护、传承、弘扬黄河文化

黄河流域生态保护和高质量发展重大国家战略

理论基础

水文学与水资源
- 水循环理论
- 水量平衡理论
- 水资源空间均衡理论
- 水资源适应性利用理论
- 水资源可持续利用理论

水工程与水安全
- 水工程优化布局系统理论
- 水沙关系调控理论
- 水安全理论

水环境与水生态
- 水污染防治理论
- 水生态修复理论
- 河湖健康理论

水经济法律与社会发展
- 水经济学理论
- 资源环境法基础理论
- 高质量发展理论

水文化与黄河文化
- 水文化价值理论
- 水文化保护传承弘扬基础理论

重大科技问题

生态环境保护
- 生态环境区划及分区目标优化
- 生态红线指标及阈值确定
- 重点水域保护目标及保护修复
- 生态环境保护技术研发与集成

水沙调控与安全
- 水沙关系及调控机制
- 河道和滩区综合提升治理
- 工程安全与防护

水资源节约集约利用与管控
- 节水技术与节水型社会建设
- 水资源集约与高效利用
- 水资源配置与空间均衡管控

高质量发展途径
- 高质量发展布局与途径优化
- 资源利用与生态保护和谐
- 产业链提升与布局
- 重点产业布局与高质量发展

黄河文化挖掘与保护传承
- 文化整理、挖掘及前景分析
- 文化保护与传承
- 文化弘扬与传播途径优选

人与自然和谐发展战略选择
- 资源-环境-经济和谐发展研究方法
- 资源-环境-经济和谐发展现状评估与分析
- 资源-环境-经济和谐发展路径优选

战略实施规划及保障体系
- 战略实施的规划方法
- 战略保障体系

研究展望及实施计划
- 多学科交叉融合，开展黄河问题综合研究
- 多部门联合攻关，解决难点问题
- 通过高层次深入研讨，谋划重大研究项目
- 从国家/国际层面，制订科学研究计划
- 加快人才培养和平台建设，推动学科发展

战略实施的理论基础与重大科技问题研究框架

185

附录

《黄河保护法》涉及的七大水库信息表

水库名称	库容/亿 m³	坝高/m	位置	库区位置	备注
龙羊峡	247	178	上游干流河道上	位于青海省海南藏族自治州共和县和贵南县交界的龙羊峡峡谷进口约2 km处，距青海省省会西宁市147 km	龙羊峡水电站是黄河上游第一座大型梯级电站
刘家峡	57	147	上游干流河道上	位于甘肃省临夏回族自治州永靖县境内，距刘家峡峡谷出口约2 km处，下至兰州市约100 km	第一个五年计划期间，中国独立设计、施工、建造的大型水电工程，地处高原峡谷，被誉为"高原明珠"
三门峡	96.4	106	中游下段干流河道上	位于黄河中游下段干流上，两岸连接豫、晋两省，在河南省三门峡市（原陕县会兴镇）东北约17 km处	根据治黄"除害兴利，蓄水拦沙"方针兴建的第一座高坝大库工程
小浪底	126.5	154	中游下段干流河道上	位于河南省洛阳市以北40 km的黄河干流上，南岸属孟津县，北岸属济源市，上距三门峡水利枢纽130 km，下距焦枝铁路桥8 km，距京广铁路郑州黄河铁桥115 km	小浪底水利枢纽是黄河干流三门峡以下唯一能够取得较大库容的控制性工程，既可较好地控制黄河洪水，又可利用其淤沙库容拦截泥沙，进行调水调沙运用，以减缓下游河床的淤积抬高
故县	11.75	125	下游右岸洛河干流河道上	位于黄河支流洛河中游洛宁县境故县镇下游，东距洛阳市165 km	工程以防洪为主，兼有灌溉、发电、工业供水和生产饮用水等综合效益

续表

水库名称	库容/亿 m³	坝高/m	位置	库区位置	备注
陆浑	13.2	55	下游右岸伊河干流河道上	位于河南省洛阳市嵩县田湖镇陆浑村附近，黄河二级支流伊河上，距洛阳市 67 km	会议旅游、休闲度假的胜地，被誉为"洛阳南湖""中原红海湾"
河口村	3.17	122.5	中游左岸沁河干流河道上	位于沁河干流最后峡谷段出口五龙口以上约 9km 处，控制流域面积 9223 km²，占沁河流域面积的 68.2%	水库开发任务以防洪为主，同时结合灌溉、供水、附带发电等综合利用，是黄河下游防洪工程体系的主要组成部分

《黄河保护法》涉及的水源涵养区 4 个河湖信息表

约古宗列曲			扎陵湖	鄂陵湖
河长	326.09 km	平均湖深	8 m	20 m
流域面积	3194 km²	最大湖深	13.1 m	30.7 m
位置	上游青海省果洛藏族自治州玛多县境内	位置	上游青海省果洛藏族自治州玛多县境内	
备注	黄河河源支流，源头之一	备注	黄河上游的两个大型高原淡水湖。分别又称"查灵海""鄂灵海"，并称为"黄河源头的姊妹湖"	
玛多湖群				
玛多湖群由 4 个面积分别为 3100hm²、3000hm²、2000hm²、2000hm² 的淡水湖泊和几个更小的湖泊及沼泽地形成的。位于扎陵湖和鄂陵湖东侧，三江源国家级自然保护区核心腹地，是青藏高原的重要生态屏障。玛多县是万里黄河流经第一县，素有"黄河之源、千湖之县"的美称				

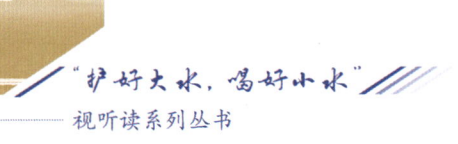

《黄河保护法》涉及的13条一级支流信息表

支流名称	河长/km	流域面积/km²	位置	发源与流出处	备注
湟水	374	32863	上游左岸	发源于青海省海晏县境，流经西宁市，于甘肃省兰州市西固区入黄河	约88%面积属青海省，12%面积属甘肃省
洮河	673	25527	上游右岸	发源于青海省河南蒙族自治县西倾山东麓，于甘肃省永靖县汇入黄河刘家峡水库区	黄河上游地区来水量最多的支流
祖厉河	224.1	10653	上游右岸	发源于甘肃省会宁县南华家岭，于靖远县城西注入黄河	含沙量较高，是世界上含沙量最大的河流之一
清水河	320	14481	上游右岸	发源于宁夏六盘山东麓固原市原州区开城镇境内的黑刺沟脑，在中宁县泉眼山西侧注入黄河	清水河是宁夏境内流入黄河的流域面积最大、最长的支流
大黑河	235.9	17673	上游末端左岸	发源于内蒙古卓资县境的坝顶村，流经呼和浩特市近郊，于托克托县城附近注入黄河	流域内三种地貌：盆地、山区、黄土丘陵区
皇甫川	137	3246	中游右岸	发源于内蒙古鄂尔多斯市达拉特旗，于陕西省府谷县皇甫镇下川口入黄河	黄河主要洪水来源区和产沙区

续表

支流名称	河长/km	流域面积/km²	位置	发源与流出处	备注
窟野河	241.8	8706	中游右岸	发源于内蒙古鄂尔多斯市伊金霍洛旗，流向东南，于陕西省神木县沙峁头村注入黄河	黄河粗泥沙的主要来源区之一
无定河	491	30261	中游右岸	发源于陕西省定边县境白于山北麓，于陕西省清涧县河口村注入黄河	流域内分为3个类型区，风沙区、河源梁涧区、黄土丘陵沟壑区
汾河	694	39471	中游左岸	发源于山西省宁武县管涔山，纵贯山西省境中部，于万荣县汇入黄河	黄河第二大支流，也是山西省最大河流。流域面积占山西省面积的25%
渭河	818	134766	中游右岸	发源于甘肃省渭源县鸟鼠山，于陕西省渭南市潼关县的港口注入黄河	泾河、北洛河虽属黄河二级支流，但因流域面积大，水沙来量多，常与渭河干流并列，称为"泾、洛、渭"
伊洛河	447	18881	中游右岸	发源于陕西省蓝田县，于河南省巩义市境入黄河	水多沙少，是黄河的多水支流之一。流域范围包括陕西、河南两省的21个县（市）

续表

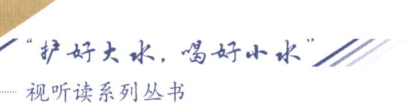

支流名称	河长/km	流域面积/km²	位置	发源与流出处	备注
沁河	485	13532	中游左岸	发源于山西省沁源县，于河南省武陟县南流入黄河	流域内分为4个类型区，石山林区、土石丘陵区、河谷盆地冲积平原区
大汶河	208	9098	下游右岸	发源于山东省沂源县，出东平县陈山口后入黄河	东平县马口以上称大汶河，以下称东平湖区

《黄河保护法》涉及的入海流路信息表

河口入海流路名称	长度/km	起始时间	备注
刁口河	55	1964年1月至1976年5月	1963年12月因河口段冰凌壅塞，水位猛涨，罗家屋子水位比1958年洪水位高0.3 m，河口区受灾严重。乃于1964年1月1日在罗家屋子破堤分水，人工改道使黄河由洼拉沟子至刁口河入海，称为"刁口河"流路
清水沟	8.75（引河开挖）	1976年5月至今	清水沟原为黄河入海口处的一条小河，后因黄河河道"十年一改道"的规律，开始对清水沟进行勘察，确定为黄河再次改道的备用河道。1975年12月，山东、河南两省与水利部在郑州会议决定，于1976年汛前对河口进行有计划的人工截流，改道清水沟入海

违反《黄河保护法》相关规定的惩罚及罚款数量汇总表

条序号	违反内容	惩罚及罚款	主管部门	备注
108	（1）不符合行政许可条件准予行政许可；（2）依法应当作出责令停业、关闭等决定而未作出；（3）发现违法行为或者接到举报不依法查处；（4）有其他玩忽职守、滥用职权、徇私舞弊行为	（1）对直接负责的主管人员和其他直接责任人员依法给予警告、记过、记大过或者降级处分；（2）造成严重后果的，给予撤职或者开除处分，其主要负责人应当引咎辞职		针对国务院有关部门、流域县级以上地方人民政府及其有关部门、流域管理机构及其所属管理机构
109	（1）在黄河干支流岸线管控范围内新建、扩建化工园区或者化工项目；（2）在黄河干流岸线或者重要支流岸线的管控范围内新建、改建、扩建尾矿库；（3）违反生态环境准入清单规定进行生产建设活动	（1）责令停止违法行为，限期拆除或者恢复原状，处50万元~500万元罚款；（2）对直接负责的主管人员和其他直接责任人员处5万元~10万元罚款；（3）逾期不拆除或者不恢复原状的，强制拆除或者代为恢复原状，所需费用由违法者承担；（4）情节严重的，报经有批准权的人民政府批准，责令关闭	地方人民政府生态环境、自然资源等主管部门按照职责分工	

191

续表

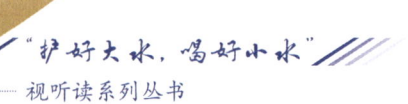

条序号	违反内容	惩罚及罚款	主管部门	备注
	在黄河流域禁止开垦坡度以上陡坡地开垦种植农作物的	责令停止违法行为，采取退耕、恢复植被等补救措施；按照开垦面积，可以对单位处每平方米100元以下罚款、对个人处每平方米20元以下罚款	县级以上地方人民政府水行政主管部门或者黄河流域管理机构及其所属管理机构	
110	在黄河流域损坏、擅自占用淤地坝的	责令停止违法行为，限期治理或者采取补救措施，处10万元~100万元罚款；逾期不治理或者不采取补救措施的，代为治理或者采取补救措施，所需费用由违法者承担	县级以上地方人民政府水行政主管部门或者黄河流域管理机构及其所属管理机构	
	在黄河流域从事生产建设活动造成水土流失未进行治理，或者治理不符合国家规定的相关标准的	责令限期治理，对单位处2万元~20万元罚款，对个人可以处2万元以下罚款；逾期不治理的，代为治理，所需费用由违法者承担	县级以上地方人民政府水行政主管部门或者黄河流域管理机构及其所属管理机构	
111	黄河干流、重要支流水工程未将生态用水调度纳入日常运行调度规程的	责令改正，给予警告，并处1万元~10万元罚款；情节严重的，并处10万元~50万元罚款	县级以上地方人民政府水行政主管部门或者黄河流域管理机构及其所属管理机构	

续表

条序号	违反内容	惩罚及罚款	主管部门	备注
112	禁渔期内在黄河流域重点水域从事天然渔业资源生产性捕捞的	没收渔获物、违法所得以及用于违法活动的渔船、渔具和其他工具，并处1万元~5万元罚款；采用电鱼、毒鱼、炸鱼等方式捕捞，或者有其他严重情节的，并处5万元~50万元罚款	县级以上地方人民政府农业农村主管部门	
	在黄河流域开放水域养殖、投放外来物种或者其他非本地物种种质资源的	责令限期捕回，处10万元以下罚款；造成严重后果的，处10万元~100万元罚款；逾期不捕回的，代为捕回或者采取降低负面影响的措施，所需费用由违法者承担	县级以上地方人民政府农业农村主管部门	
	在三门峡、小浪底、故县、陆浑、河口村水库库区采用网箱、围网或者拦河拉网方式养殖，妨碍水沙调控和防洪的	责令停止违法行为，拆除网箱、围网或者拦河拉网，处10万元以下罚款；造成严重后果的，处10万元~100万元罚款	县级以上地方人民政府农业农村主管部门	
113	未经批准擅自取水，或者未依照批准的取水许可规定条件取水的	责令停止违法行为，限期采取补救措施，处5万元~50万元罚款；情节严重的，吊销取水许可证	县级以上地方人民政府水行政主管部门或者黄河流域管理机构及其所属管理机构	

续表

条序号	违反内容	惩罚及罚款	主管部门	备注
114	黄河流域以及黄河流经省、自治区其他黄河供水区相关县级行政区域的用水单位用水超过强制性用水定额，未按照规定期限实施节水技术改造的	责令限期整改，可以处10万元以下罚款；情节严重的，处10万元～50万元罚款，吊销取水许可证	县级以上地方人民政府水行政主管部门或者黄河流域管理机构及其所属管理机构	
115	黄河流域以及黄河流经省、自治区其他黄河供水区相关县级行政区域取水量达到取水规模以上的单位未安装在线计量设施的	责令限期安装，并按照日最大取水能力计算的取水量计征相关费用，处2万元～10万元罚款；情节严重的，处10万元～50万元罚款，吊销取水许可证	县级以上地方人民政府水行政主管部门或者黄河流域管理机构及其所属管理机构	
	在线计量设施不合格或者运行不正常的	责令限期更换或者修复；逾期不更换或者不修复的，按照日最大取水能力计算的取水量计征相关费用，处5万元以下罚款；情节严重的，吊销取水许可证	由县级以上地方人民政府水行政主管部门或者黄河流域管理机构及其所属管理机构	
116	黄河流域农业灌溉取用深层地下水的	责令限期整改，可以处10万元以下罚款；情节严重的，处10万元～50万元罚款，吊销取水许可证	县级以上地方人民政府水行政主管部门或者黄河流域管理机构及其所属管理机构	

续表

条序号	违反内容	惩罚及罚款	主管部门	备注
117	黄河流域水库管理单位不执行黄河流域管理机构的水沙调度指令的	责令改正，给予警告，并处2万元以上10万元以下罚款；情节严重的，并处10万元~50万元罚款；对直接负责的主管人员和其他直接责任人员依法给予处分	黄河流域管理机构及其所属管理机构	
118	（1）在河道、湖泊管理范围内建设妨碍行洪的建筑物、构筑物或者从事影响河势稳定、危害河岸堤防安全和其他妨碍河道行洪的活动；（2）违法利用、占用黄河流域河道、湖泊水域和岸线；（3）建设跨河、穿河、穿堤、临河的工程设施，降低行洪和调蓄能力或者缩小水域面积，未建设等效替代工程或者采取其他功能补救措施；（4）侵占黄河备用入海流路	责令停止违法行为，限期拆除违法建筑物、构筑物或者恢复原状，处5万元~50万元罚款；逾期不拆除或者不恢复原状的，强制拆除或者代为恢复原状，所需费用由违法者承担	县级以上地方人民政府水行政主管部门或者黄河流域管理机构及其所属管理机构	

续表

条序号	违反内容	惩罚及罚款	主管部门	备注
119	在黄河流域破坏自然资源和生态、污染环境、妨碍防洪安全、破坏文化遗产等造成他人损害的	侵权人应当依法承担侵权责任		
	造成黄河流域生态环境损害的	有权请求侵权人承担修复责任、赔偿损失和相关费用	国家规定的机关或者法律规定的组织	
120	构成犯罪的	依法追究刑事责任		

黄河流域地下水超载地区及超载类型

序号	超载地区（县级行政区）	所在市级行政区	所在省级行政区	地下水超载类型
1	和林格尔县	呼和浩特市	内蒙古自治区	浅层地下水超采
2	昆都仑区	包头市		浅层地下水超采
3	土默特右旗			浅层地下水超采
4	乌拉特前旗	巴彦淖尔市		浅层地下水超采
5	乌拉特中旗			浅层地下水超采
6	灞桥区	西安市	陕西省	浅层地下水超采
7	未央区			浅层地下水超采
8	雁塔区			浅层地下水超采
9	阎良区			浅层地下水超采
10	长安区			浅层地下水超采
11	高陵区			浅层地下水超采
12	秦都区	咸阳市		浅层地下水超采
13	渭城区			浅层地下水超采
14	泾阳县			浅层地下水超采
15	兴平市			浅层地下水超采
16	富平县	渭南市		浅层地下水超采

续表

序号	超载地区（县级行政区）	所在市级行政区	所在省级行政区	地下水超载类型
17	小店区	太原市	山西省	浅层地下水超采
18	迎泽区			山丘区地下水过度开采
19	杏花岭区			山丘区地下水过度开采
20	尖草坪区			山丘区地下水过度开采
21	万柏林区			山丘区地下水过度开采
22	晋源区			浅层地下水超采 山丘区地下水过度开采
23	清徐县			浅层地下水超采 山丘区地下水过度开采
24	娄烦县			山丘区地下水过度开采
25	古交市			山丘区地下水过度开采
26	阳曲县			山丘区地下水过度开采
27	榆次区	晋中市		浅层地下水超采 山丘区地下水过度开采
28	祁县			浅层地下水超采
29	太谷县			浅层地下水超采
30	平遥县			山丘区地下水过度开采
31	介休市			浅层地下水超采 山丘区地下水过度开采
32	河津市	运城市		浅层地下水超采
33	稷山县			浅层地下水超采
34	新绛县			浅层地下水超采 山丘区地下水过度开采
35	万荣县			浅层地下水超采
36	盐湖区			浅层地下水超采
37	永济县			浅层地下水超采
38	临猗县			浅层地下水超采
39	夏县			浅层地下水超采
40	闻喜县			浅层地下水超采
41	绛县			浅层地下水超采

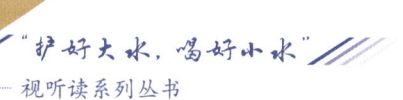

续表

序号	超载地区（县级行政区）	所在市级行政区	所在省级行政区	地下水超载类型
42	侯马市	临汾市	山西省	浅层地下水超采
43	曲沃县	临汾市	山西省	山丘区地下水过度开采
44	翼城县	临汾市	山西省	山丘区地下水过度开采
45	襄汾县	临汾市	山西省	山丘区地下水过度开采
46	浮山县	临汾市	山西省	山丘区地下水过度开采
47	汾阳市	吕梁市	山西省	浅层地下水超采 山丘区地下水过度开采
48	交城县	吕梁市	山西省	浅层地下水超采
49	文水县	吕梁市	山西省	浅层地下水超采
50	孝义市	吕梁市	山西省	浅层地下水超采
51	沁源县	长治市	山西省	山丘区地下水过度开采
52	高平市	晋城市	山西省	山丘区地下水过度开采
53	城区	晋城市	山西省	山丘区地下水过度开采
54	泽州县	晋城市	山西省	山丘区地下水过度开采
55	兰考县	开封市	河南省	深层承压水超采
56	封丘县	新乡市	河南省	浅层承压水超采 深层承压水超采
57	温县	焦作市	河南省	浅层承压水超采
58	沁阳市	焦作市	河南省	浅层承压水超采
59	孟州市	焦作市	河南省	浅层承压水超采
60	范县	濮阳市	河南省	深层承压水超采
61	台前县	濮阳市	河南省	深层承压水超采
62	濮阳县	濮阳市	河南省	深层承压水超采

相关的资源环境与生态保护法律法规

法律涉及范围	法　律　名　称
水资源开发与保护	《中华人民共和国水法》
	《中华人民共和国水土保持法》
	《中华人民共和国水污染防治法》
	《中华人民共和国防洪法》
	《取水许可和水资源费征收管理条例》
	《中华人民共和国水库大坝安全管理条例》
	《中华人民共和国河道管理条例》
	《中华人民共和国防汛条例》
	《黄河水量调度条例》
	《中华人民共和国水污染防治法实施细则》
生态环境保护	《中华人民共和国环境保护法》
	《中华人民共和国防沙治沙法》
	《中华人民共和国放射性污染防治法》
	《中华人民共和国固体废物污染环境防治法》
	《中华人民共和国草原法》
	《中华人民共和国环境影响评价法》
	《中华人民共和国清洁生产促进法》
	《中华人民共和国渔业法》
	《中华人民共和国大气污染防治法》
	《中华人民共和国森林法》
	《中华人民共和国环境噪声污染防治法》
	《中华人民共和国野生动物保护法》
	《中华人民共和国气象法》
	《中华人民共和国湿地保护法》
	《中华人民共和国长江保护法》
	《中华人民共和国黄河保护法》
	《生态环境行政处罚办法》
	《规划环境影响评价条例》
	《排污费征收工作稽查方法》

续表

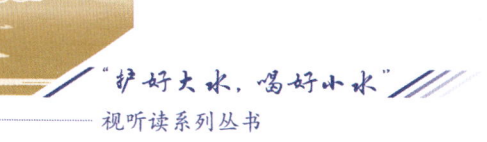

法律涉及范围	法　律　名　称
生态环境保护	《全国污染源普查条例》
	《国家突发环境事件应急预案》
	《中华人民共和国自然保护区条例》
	《中华人民共和国野生植物保护条例》
	《中华人民共共和国水生野生动物保护实施条例》
	《中华人民共和国濒危野生动植物进出口管理条例》
	《建设项目环境保护管理条例》
	《核电厂核事故应急管理条例》
经济社会发展	《中华人民共和国城乡规划法》
	《中华人民共和国节约能源法》
	《中华人民共和国可再生能源法》
	《中华人民共和国清洁生产促进法》
	《中华人民共和国煤炭法》
	《中华人民共和国农业法》
	《中华人民共和国土地管理法》
	《中华人民共和国矿产资源法》

黄河流域涉及省（自治区）、地市、县区一览表

省级	地市级名称/县级数	包括的县级名称
青海	海东市/6	民和回族土族自治县、乐都区、化隆回族自治县、循化撒拉族自治县、平安区、互助土族自治县
	海南藏族自治州/5	共和县、贵德县、同德县、贵南县、兴海县
	海西蒙古族藏族自治州/2	天峻县、都兰县
	黄南藏族自治州/4	尖扎县、同仁市、泽库县、河南蒙古族自治县
	玉树藏族自治州/2	称多县、曲麻莱县
	果洛藏族自治州/6	玛沁县、班玛县、达日县、久治县、甘德县、玛多县
	西宁市/7	湟源县、城东区、大通回族土族自治县、城西区、城中区、湟中区、城北区
	海北藏族自治州/4	海晏县、门源回族自治县、刚察县、祁连县
合计	8个	36个
四川	阿坝藏族羌族自治州/5	红原县、阿坝县、马尔康市、若尔盖县、松潘县
	甘孜藏族自治州/1	石渠县
合计	2个	6个

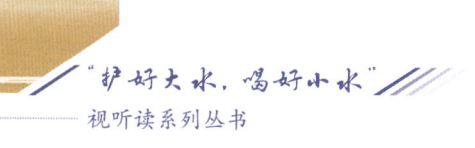

续表

省级	地市级名称/县级数	包括的县级名称
甘肃	兰州市/8	红古区、西固区、七里河区、皋兰县、城关区、安宁区、榆中县、永登县
	平凉市/7	灵台县、崆峒区、庄浪县、崇信县、华亭市、静宁县、泾川县
	白银市/5	靖远县、平川区、白银区、会宁县、景泰县
	陇南市/2	礼县、宕昌县
	甘南藏族自治州/7	临潭县、卓尼县、合作市、玛曲县、夏河县、迭部县、碌曲县
	临夏回族自治州/8	东乡族自治县、临夏县、临夏市、积石山保安族东乡族撒拉族自治县、永靖县、和政县、广河县、康乐县
	定西市/7	岷县、临洮县、渭源县、漳县、安定区、陇西县、通渭县
	天水市/7	秦安县、甘谷县、秦州区、麦积区、清水县、武山县、张家川回族自治县
	庆阳市/8	正宁县、环县、华池县、镇原县、宁县、庆城县、合水县、西峰区
	武威市/2	古浪县、天祝藏族自治县
合计	10个	61个

续表

省级	地市级名称/县级数	包括的县级名称
宁夏	固原市/5	西吉县、彭阳县、泾源县、隆德县、原州区
	中卫市/3	中宁县、沙坡头区、海原县
	石嘴山市/3	平罗县、大武口区、惠农区
	吴忠市/5	青铜峡市、同心县、盐池县、红寺堡区、利通区
	银川市/6	兴庆区、西夏区、永宁县、灵武市、贺兰县、金凤区
合计	5个	22个
内蒙古	乌海市/3	海勃湾区、海南区、乌达区
	包头市/8	达尔罕茂明安联合旗、土默特右旗、固阳县、东河区、昆都仑区、石拐区、青山区、九原区
	巴彦淖尔市/7	乌拉特中旗、临河区、磴口县、五原县、乌拉特前旗、乌拉特后旗、杭锦后旗
	阿拉善盟/1	阿拉善左旗
	呼和浩特市/9	和林格尔县、玉泉区、回民区、武川县、土默特左旗、托克托县、赛罕区、新城区、清水河县
	乌兰察布市/4	四子王旗、察哈尔右翼中旗、卓资县、凉城县
	鄂尔多斯市/9	达拉特旗、鄂托克旗、杭锦旗、乌审旗、鄂托克前旗、伊金霍洛旗、康巴什区、东胜区、准格尔旗
合计	7个	41个

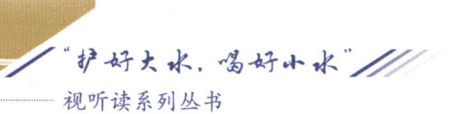

续表

省级	地市级名称/县级数	包括的县级名称
陕西	铜川市/4	耀州区、宜君县、印台区、王益区
	商洛市/4	丹凤县、洛南县、商州区、柞水县
	榆林市/12	靖边县、横山区、米脂县、府谷县、佳县、神木市、子洲县、绥德县、榆阳区、吴堡县、清涧县、定边县
	延安市/13	子长市、吴起县、延长县、延川县、甘泉县、安塞区、志丹县、宝塔区、洛川县、宜川县、黄陵县、富县、黄龙县
	西安市/13	高陵区、临潼区、鄠邑区、莲湖区、灞桥区、新城区、阎良区、未央区、长安区、周至县、蓝田县、雁塔区、碑林区
	咸阳市/14	永寿县、乾县、渭城区、泾阳县、长武县、三原县、礼泉县、秦都区、淳化县、杨陵区、兴平市、武功县、旬邑县、彬州市
	宝鸡市/12	陇县、岐山县、麟游县、千阳县、金台区、渭滨区、凤县、太白县、陈仓区、凤翔区、眉县、扶风县
	渭南市/11	韩城市、白水县、潼关县、澄城县、蒲城县、合阳县、富平县、华阴市、华州区、大荔县、临渭区
合计	8个	83个

续表

省级	地市级名称/县级数	包括的县级名称
山西	临汾市/17	隰县、吉县、大宁县、古县、安泽县、汾西县、霍州市、曲沃县、永和县、乡宁县、侯马市、蒲县、洪洞县、襄汾县、尧都区、浮山县、翼城县
	太原市/10	娄烦县、尖草坪区、杏花岭区、阳曲县、古交市、清徐县、万柏林区、晋源区、迎泽区、小店区
	朔州市/3	平鲁区、右玉县、朔城区
	吕梁市/13	临县、岚县、离石区、柳林县、方山县、中阳县、交口县、兴县、石楼县、交城县、文水县、孝义市、汾阳市
	大同市/1	左云县
	晋中市/10	昔阳县、和顺县、寿阳县、榆社县、介休市、灵石县、榆次区、太谷区、祁县、平遥县
	长治市/6	屯留区、长子县、沁县、武乡县、沁源县、上党区
	忻州市/10	偏关县、静乐县、忻府区、五寨县、原平市、宁武县、岢岚县、神池县、保德县、河曲县
	晋城市/6	城区、泽州县、沁水县、阳城县、陵川县、高平市
	运城市/13	平陆县、万荣县、盐湖区、夏县、闻喜县、临猗县、垣曲县、绛县、新绛县、河津市、稷山县、芮城县、永济市
合计	10个	89个

205

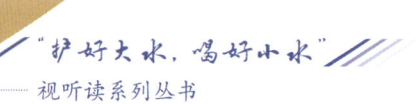

续表

省级	地市级名称/县级数	包括的县级名称
河南	洛阳市/14	栾川县、新安县、洛宁县、偃师区、瀍河回族区、老城区、洛龙区、宜阳县、嵩县、涧西区、西工区、孟津区、汝阳县、伊川县
	三门峡市/6	卢氏县、渑池县、湖滨区、义马市、陕州区、灵宝市
	济源市/1	济源市
	濮阳市/3	范县、台前县、濮阳县
	鹤壁市/1	浚县
	郑州市/8	登封市、新密市、上街区、中牟县、金水区、巩义市、荥阳市、惠济区
	焦作市/5	孟州市、博爱县、沁阳市、武陟县、温县
	新乡市/8	长垣市、获嘉县、新乡县、封丘县、原阳县、红旗区、卫辉市、延津县
	安阳市/2	内黄县、滑县
	开封市/4	顺河回族区、龙亭区、祥符区、兰考县
合计	10个	52个
山东	聊城市/3	莘县、东阿县、阳谷县
	淄博市/4	高青县、沂源县、博山区、淄川区
	滨州市/4	滨城区、博兴县、邹平市、惠民县
	东营市/4	利津县、东营区、河口区、垦利区
	济南市/10	章丘区、济阳区、平阴县、长清区、钢城区、莱芜区、天桥区、历城区、市中区、槐荫区
	菏泽市/4	鄄城县、郓城县、牡丹区、东明县

续表

省级	地市级名称/县级数	包括的县级名称
山东	泰安市/6	新泰市、东平县、泰山区、岱岳区、肥城市、宁阳县
	德州市/1	齐河县
	济宁市/4	曲阜市、汶上县、泗水县、梁山县
合计	9个	40个
总计	69个	430个

黄河流域生态环境司法保护典型案例表

序号	时间	地点	典型案例名称
1	2016年	甘肃省子午岭	刘玄龙、张建君等15人盗伐林木案
2	2018年	青海省玉树市	马尕文非法收购、运输、出售珍贵、濒危野生动物制品案
3	2017—2018年	山西省芮城县	陈卫强、董伟师等盗掘古墓葬案
4	2019年	河南省孟州市	买自强等6人污染环境案
5	2015—2016年	河南省濮阳市	濮阳市人民检察院诉山东巨野锦晨精细化工有限公司等环境民事公益诉讼案
6	2018—2019年	河南省新乡市	新乡市生态环境局与封丘县龙润精细化工有限公司生态环境损害赔偿司法确认案
7	2018年	山东省济南市	济南新时代家庭农场有限公司与济南市天桥区泺口街道办事处鹊山东社区居民委员会等确认合同无效纠纷案
8	2005年	甘肃省合作市	碌曲县人民检察院诉碌曲县水务水电局行政公益诉讼案
9	2019年	河南省三门峡市	灵宝豫翔水产养殖有限公司诉三门峡市城乡一体化示范区管理委员会、灵宝市大王镇人民政府强制拆除案
10	2019年	宁夏回族自治区石嘴山市	石嘴山市惠农区人民检察院诉石嘴山市惠农区农业农村和水务局行政公益诉讼案

注：最高人民法院于2021年11月25日举行新闻发布会，发布10个黄河流域生态环境司法保护典型案例。